融媒体深度发展
路径研究

■ 袁 鑫◎著

时代文艺出版社
SHIDAI WENYI CHUBANSHE

图书在版编目（CIP）数据

融媒体深度发展路径研究 / 袁鑫著. -- 长春：时代文艺出版社，2023.11
　ISBN 978-7-5387-7362-0

　Ⅰ.①融… Ⅱ.①袁… Ⅲ.①传播媒介－研究－中国 Ⅳ.①G219.2

中国国家版本馆CIP数据核字(2023)第236369号

融媒体深度发展路径研究

RONGMEITI SHENDU FAZHAN LUJING YANJIU

袁　鑫　著

出 品 人：吴　刚
责任编辑：初昆阳
助理编辑：张雨薇
装帧设计：钱金华
排版制作：钱金华

出版发行：时代文艺出版社
地　　址：长春市福祉大路5788号　龙腾国际大厦A座15层（130118）
网　　址：weibo.com/tlapress（官方微博）
开　　本：880mm×1230mm　1/32
字　　数：177千字
印　　张：7.5
印　　刷：廊坊市海涛印刷有限公司
版　　次：2023年11月第1版
印　　次：2023年11月第1次印刷
定　　价：76.00元

作者简介

　　袁鑫(1983.05—)，女，汉族，河南清丰人，本科学历，主任记者，新闻部副主任，研究方向是新闻。兼任濮阳市青年联合会新闻出版和新媒体界别主任。工作以来，50多部作品获河南省新闻奖；荣获河南省新长征突击手、河南省第六届十佳新闻工作者、河南省学术技术带头人、河南省青年岗位能手等称号；入选2020年度中原英才计划"中原青年拔尖人才"，并获得特殊计划项目支持。

前 言

　　2020年9月，中共中央办公厅、国务院办公厅印发《关于加快推进媒体深度融合发展的意见》，提出要加强评估考核、加强督促检查，推动媒体深度融合发展各项任务落到实处。作为党的重要思想舆论阵地，传统主流媒体面临着全程媒体、全息媒体、全员媒体、全效媒体带来的严峻挑战，主力军全面挺进互联网主战场的重要性、紧迫性日益凸显，我们必须适应传播方式、受众接收方式变化的新趋势，因势而谋、应势而动、顺势而为，加快推动媒体融合发展，打造出"全方位、多层次、多声部"的媒体矩阵。

　　随着网络新媒体的不断发展，融媒体时代已经到来。报纸、电视、广播等传统媒体技术同如今的网络媒体加以融合，成为媒体发展的方向，这样不仅可以打破传统媒体刻板单一的固有模式，而且在人力、平台、资源等各个方面进行了互补整合，从而使传统媒体和网络媒体的优点发挥到最大限度，形成资源共享、利益互联的媒体新时代。

　　从现阶段媒体融合呈现出的态势来看，媒体融合显然并不是改革的最终结果，随着5G、VR及AI等技术的逐渐成熟，新的智能媒体时代正在不远处向我们招手。回想一下，经历了 2G、3G、4G 等技术逐步升级的历程,媒体融合真正融合的并不仅仅是传播主体和路径,还有整个媒体行业的思维方式和理念。以技术升级为标杆的媒体融合,正逐步显示着其势不可挡的发展态势。对当代媒体人而言,如果不具备前瞻性视野,未来势必会被时代所淘汰,在不断变迁的媒介环境中逐步被边缘化。

本书先概述了融媒体这一概念的定义、形式与分类,以及融媒体时代的特征,在此基础之上,阐述了融媒体深度发展的背景、现状、形势、逻辑和维度,进而基于正确导向、融合理念、内容技术创新、新型传播平台构建、人才队伍建设与体制机制创新等方面深入探究融媒体深度发展路径,旨在为融媒体深度发展提供理论与实践依据,促进新时代下媒体融合向深度进发。

在写作过程中,我们参阅了不少同行教师和专家的研究成果,从中得到不少启发,在此向他们表示真挚的感谢。另外,对在本书写作、出版过程中给予帮助的人们表示由衷的感谢!

由于写作时间仓促,再加上作者水平有限,本书难免存在疏漏与错误之处,还望同行专家和读者批评斧正。

目 录

第一章 融媒体概述

第一节 融媒体的相关概念、形式与分类

一、融媒体的概念

融媒体，或者称为"媒体融合"，这一概念的提出涉及多个领域和不同学者的贡献。1983年，麻省理工学院教授普尔在其著作《自由的技术》(The Technologies of Freedom)中将"媒体融合"(Media Convergence)具体化，他认为融媒体首先是技术融合，多种技术融合会产生新的传播方式①。罗伯特·W.麦克切斯尼(Robert W.McChesney)等人(2004)在撰写的《富媒体穷民主：不确定时代的传播政治》一书中提出了这样的观点：美国新旧媒体一旦逐步融合，将会对资源的优化配置起到一定的积极作用，这样的宣传效果是最佳的②。格兰·G.斯帕克斯(Glenn G Sparks)(2013)认为，媒体融合的早期原因是移动网络和W3C技术的标准化③。

---

① 石长顺.融合新闻学导论[M],北京:北京大学出版社,2013.
② 罗伯特·W.麦克切斯尼.富媒体穷民主:不确定时代的传播政治[M].谢岳,译.北京:新华出版社,2004.
③ 格兰·G.斯帕克斯.媒介效果研究概论[M].何朝阳,王希华,译.北京:中国人民大学出版社,2013.

二、融媒体的形式

（一）媒体技术上的融合

所谓技术的融合,主要是指所有媒介元素的数字化,文字、图像、声音等各种媒介内容均被转化为数字信息后,就大大扩展了各自之间潜在的联系了。同时,会使它们在不同媒介传播平台之间可以自由地流动与穿梭。例如,现在已经广为流行的微博、微信等形式。

（二）内容上的融合

媒介元素的数字化,可以最大化地开辟与共享媒介传播平台。不同媒体之间既可以更方便地相互关联与嵌入,更可以根据某一时段,不同受众群体与受众市场的需求,重新进行媒介内容间的重组与构造,使各个媒体产品的呈现方式与平台更加丰富与多元化,以求更好地达到媒介资源共享。

（三）产业上的融合

尽管数字化属于媒介融合中极为基础的形式转变,因此不能将媒介融合简单地理解为电视新闻节目的数字化。数字化的平台建设与共享,更凸显的是将会打消不同产业间的隔阂,拉动多面产业链的发展。例如,电视业、娱乐业、信息产业及其他传统的制造业等。而媒介融合的跨产业界的拉动也毋庸置疑地将带动产业的发行、电视的收视率以及互联网的使用及其点击率,引发多方位、全球化的经济效益[①]。

---

①陈硕,刘溟,何向向.融媒体时代电视新闻节目的创新与转型发展研究[M].成都:电子科技大学出版社,2019.

三、融媒体的分类

融媒体是一个集合的概念,可以从多个角度对其分类。根据媒体的一般属性,可进行以下分类。

第一,按传播载体类型可主要分为三种媒体:平面媒体、无线电波媒体和网络媒体。平面媒体主要包括报刊等传播媒体,无线电波媒体包括广播、电视等传播媒体,网络媒体是基于互联网的技术平台上传播的所有媒体,包括网站、移动电话、互联网移动终端等[①]。

第二,按传播内容所依托的各类技术支持平台可分为下一代广播电视网、宽带通信网和下一代互联网。

第三,按功能可分为视觉媒体、听觉媒体和视听两用媒体。视觉媒体包括报纸、杂志、海报、日历、户外广告、橱窗布置、实物和交通等媒体形式。听觉媒体包括无线电广播、有线广播、宣传车、录音和电话等媒体形式。视听两用媒体主要包括电视、电影、戏剧、小品及其他表演形式。

第四,按影响范围可分为国际性媒体、全国性媒体和地方性媒体。国际性媒体如卫星电视传播、面向全球的刊物等。全国性媒体如国家三大台(中央电视台、中央人民广播电台、中国国际广播电台)和全国性报刊等。地方性媒体如省、市电视台、报刊,少数民族语言、文字的电台、电视台、报纸、杂志等。

第五,按受众类型可分为大众化媒体和专业性媒体。大众化媒体包括报纸、杂志、广播、电视。专业性媒体包括专业报纸、杂志、专业性说明书等。

第六,按媒体传播信息的时间长短可分为瞬时性媒体、短期性媒体和长期性媒体。瞬时性媒体如广播、电视、幻灯

---

① 曾莹莹. 理解融媒体的起源、现状和未来[J]. 新闻研究导刊,2020(05).

和电影等。短期性媒体如海报、橱窗、广告牌、报纸等。长期性媒体如产品说明书、产品包装、厂牌、商标和挂历等。

第七,按传播内容可分为综合性媒体和单一性媒体。综合性媒体指能够同时传播多种信息内容的媒体,如报纸、杂志、广播、电视等。单一性媒体是指只能传播某一种或某一方面的信息内容的媒体,如包装、橱窗、霓虹灯等。

根据国际电信联盟(International Telecommunication Union, ITU)电信标准部推出的ITU-TI.374建议的定义,可以将媒体划分为感觉媒体、表示媒体、表现媒体、存储媒体、传输媒体等5类。

第一,感觉媒体指的是能直接作用于人们的感觉器官,从而能使人产生直接感觉的媒体,如文字、数据、声音、图形和图像等。

第二,表示媒体指的是为了传输感觉媒体而人为研究出来的媒体,借助于此种媒体,能有效地存储感觉媒体或将感觉媒体从一个地方传送到另一个地方,如语言编码、电报码、条形码等。

第三,表现媒体指的是用于通信中使电信号和感觉媒体之间产生转换用的媒体,如输入输出设备,包括键盘、鼠标、显示器和打印机等。

第四,存储媒体指的是用于存放表示媒体的媒体,如纸张、磁带、磁盘和光盘等。

第五,传输媒体指的是用于传输某种媒体的物理媒体,如双绞线、电缆和光纤等[①]。

---

①张瑞.融媒体环境下广播电视语言艺术研究[M].西安:西北工业大学出版社,2019.

第二节　融媒体时代的特征

一、融媒体时代的传播特点

（一）需求的个性化和受众的碎片化

在融媒体形态下,传统媒体和新媒体各自发挥其传播优势,实现了1+1>2,通过"融",实现了传播的效应最大化。多元、多样、多彩的传播方式的并存满足了受众不同的需求,使得在受众需求分类越来越精细化的前提下传播的效率更高,也为受众提供了更多可选择、可参与的传播活动。如有的媒体通过对受众需求偏好进行数据观察,对受众做出市场细分,据此为目标受众制作精准化和个性化的内容体验,增强受众的黏性与忠诚度。尤其是基于新媒体技术的社交媒体,常常以"圈"层方式进行受众聚集,产生了基于兴趣、学缘、血缘、地域、职业等不同的传播"圈",个性化的信息在"圈"内实现了流动,受众个体在"圈"内实现了个人认同和群体认同。个性化表达与自我展示欲得到充分满足——被关注及关注度飙升带来的满足感无疑是吸引受众的最佳手段。

受众碎片化指的是"随着经济发展、社会变迁而出现的受众选择日益多元化的过程,受众广泛地分散开来,某一特定媒介(如一份报纸)吸纳的受众份额与受众规模被'稀释'。受众的差异性、技术的先进性和政策的许可是影响受众碎片化的主要因素"①。传播受众碎片化表现在两方面：一方面是碎片化传播，另一方面为信息碎片化。现代社会的传播忽视了对信息的集合、挑选和整合，这是因为这个时代是注重高效、快速的。所以整个传播过程就像被不断剪裁的纸张一样，不断被切割，不再具有整体性面貌。尤其是在基于互联网技术和个人智能终端使用的融媒体时代背景下，碎片化程度也在随之加深，传播受众对信息的传播接收方式也受到了很大的影响。

（二）传播的迅捷性和交流的体验性

在融媒体时代，信息传播的"迅捷性"最充分的展现形式莫过于直播。由于直播具有其他传统媒体所不具有的高效性和即时性，因而极大地迎合了广大受众即时性的信息需求。融媒体继续发挥了新媒体信息传播速度上的优势，在信息传播的"秒杀"时代，手指轻轻一触，信息瞬间就会通过信息高速通道传播到世界的各个角落。突发事件出现的时候，掌握信息的人可以随时随地在第一时间把所有的情况，包括有关照片、现场视频等告知大众。传播受众接受方式也十分简便，只要轻轻一点，就可以获得感兴趣的信息。这种传播克服了传统媒体主导时代的信息滞后性，大大满足了受众对突发事件即时性的信息需求，大大增强了现场亲临感。随着移动手机、智能手机的快速发展，"自媒体"现象成为当前舆论的重要来源。越来越多的人选择微博、微信等媒介在网上表达观点，阐述对人对事的看法，抒发自己的感想。这种自媒体的力量，是舆论民情的有力指向标，人们往往借助网络媒体等自媒体渠道进行信息交流、传达民

①张迪.传统媒体的融媒体发展策略[J].青年记者,2015(03).

意,完成自身与社会的互动。

　　传统媒体可以发挥在深度报道方面的优势,借助传统传播渠道和方式,通过技术革新,增强信息供给力。传统的电视媒体开始通过开通网络电视频道增加与受众的交流互动,受众不仅可以接收内容,还可以参与评论、转发和分享。广播电台也打破传统单向的音频传播模式,通过融合发展,力图形成以文字、图片、视频、表情包等为一体的多元传播形态。由此可见,融媒体时代,受众不再是信息的"靶子",被动地接受信息,而是能够在传播过程中主动地表达自己的观点,实现两者之间的相互交流。曾经定位清晰、角色明确、各司其职的格局被打破,取而代之的是两个主体之间的双向交流。信息流也改变了以往单一的传播渠道,取而代之的是双向交流。这种交流方式使得受众既可以是信息的接收者,也可以是信息的传递者,还可以是信息的反馈者。

(三)信息的海量性和传播的泛在性

　　融媒体时代,信息呈现裂变式增长,数字技术、网络技术、移动技术日新月异,信息传播不仅可以实现即时、快速,而且在量上可以实现海量化。特别是互联网传播技术、存储技术等的快速发展,完全可以使世界各地的海量信息得以在各自的终端上无限汇聚。网络信息突破了纸质信息在承载量、保真度、移动性、覆盖面等方面的弊端,使得信息随时随地可以实现传播、下载、更新等。同时,信息的内容性也呈现多维度、深层次的特点,大到世界格局、大国博弈,小到市井小事、家长里短,乃至宠物表情,应有尽有。

　　融媒体时代,App(应用程序)的广泛应用,使得传播突破了时空限制,实现了更广范围、更深角度的泛在传播。App抛弃了时间与空间这种类别区分,取而代之的是需求与场合。"一个好的App,它的身后不仅仅是一个生产内容的媒体,而且还是一个能够提供多种体验与社会交往的媒介组织[①]。"信息成为服务需求、满足需求的资源,受众通过手机下载应用程序,可以随时随地关注自己感兴趣的内容,并且可以使用超链接把信息从一个应用程序转发到另一个应用程序上。这个过程中,信息受众直接变成信息传播者。同时,受众可以实现在有互联网的地方随时随地尽情享受互联网带来的知识红利和学习感受。

二、融媒体时代的传播格局

网络的发展、融合和改变,加速了全球化进程。在这种大背景下,通过互联网传递信息,进行文化交流、知识共享、传达民情社意已成为一种不可逆转的趋势。网络传播力的强大与互联网全球化的特点,决定了其在整个媒体发展和马克思主义传播过程中的巨大影响力。信息传播伴随着网络技术的发展在更大范围、更深层面对受众产生着影响,传播者也面临把关责任的加强和传播环境变化的挑战。科技发展的速度令人咋舌,媒体融合趋势浪潮一浪高过一浪。它要求不同媒体之间的合作和整体运行,并尝试运用多渠道的方式来传播,加大传播外延,达到科学传播的目的。思想政治教育工作者如何实现信息传播的目的,达到教育的要求,不仅仅是在技术层面做出应对,还要在理念、内容及资源整合等方面有所作为,系统发力,协同育人,构建新型传播格局。

---

① 栾轶玫.融媒体传播[M],北京:中国金融出版社,2014:45.

（一）坚持正确政治导向

"传播是指人类通过符号和媒介交流信息,以期发生相应变化的活动①。"信息社会的来临,信息的传播和交流成为社会发展的关键与核心,谁掌握了信息,谁就掌握了一切。习近平总书记指出,新闻舆论工作各个方面、各个环节都要坚持正确舆论导向。融媒体时代尽管强调了多种媒体的融合共进,强调了信息传播内容的多元,但有一个大前提就是政治性。习近平总书记强调指出,"在新的时代条件下,党的新闻舆论工作的职责和使命是:高举旗帜、引领导向,围绕中心、服务大局,团结人民、鼓舞士气,成风化人、凝心聚力,澄清谬误、明辨是非,联接中外、沟通世界。要承担起这个职责和使命,必须把政治方向摆在第一位,牢牢坚持党性原则,牢牢坚持马克思主义新闻观,牢牢坚持正确舆论导向,牢牢坚持正面宣传为主②。"因此,无论在什么时候、什么情势下,传播都要牢牢把握住政治性,强调导向,坚守阵地。

无论传统媒体还是新媒体,在舆论阵地的占领上,都要寸土不让、寸土必争,不能失声、失语。在构建媒体融合发展新格局的每一步中,我们都要坚持党性原则,坚持正确政治方向,在这一点上绝不能有丝毫动摇。同时,媒体融合发展应坚持正确价值取向,在新闻舆论工作中坚持以科学理性的态度面对多元、多样、多变的思想观念,面对纷繁复杂的舆论场。应充分尊重、善于利用媒体的公共性,在营造风

---

①邵培仁.传播学[M].北京:高等教育出版社,2004:30.
②新华社.牢记职责使命,打造过硬队伍——习近平总书记在党的新闻舆论工作座谈会上的重要讲话引起强烈反响[EB/OL].(2016-02-22) [2023-02-06]. https://www. gov. cn/xinwen/2016-02/22/content_5044782.htm.

清气正的舆论环境方面始终旗帜鲜明、立场坚定、理直气壮、毫不含糊。努力打造各种思想观点交汇、讨论、升华的全方位平台,为构建健康丰富的社会思想体系、道德体系提供有深度、有营养的理性思想资源和精神资源,从而更好地维护社会公共利益,健全社会公德体系,最大限度地凝聚社会共识。

(二)坚持正确工作导向

习近平总书记深刻指出:"党性和人民性从来都是一致的、统一的。""坚持人民性,就是要把实现好、维护好、发展好最广大人民根本利益作为出发点和落脚点,坚持以民为本、以人为本。要树立以人民为中心的工作导向,把服务群众同教育引导群众结合起来,把满足需求同提高素养结合起来,多宣传报道人民群众的伟大奋斗和火热生活,多宣传报道人民群众中涌现出来的先进典型和感人事迹,丰富人民精神世界,增强人民精神力量,满足人民精神需求[①]。"

人民群众在哪里,新闻舆论阵地就应该在哪里。我们要通过媒体融合发展将互联网这一"最大的变量"变成"最大的正能量",必须坚持以人民为中心的工作导向,在融合发展过程中坚持走群众路线。应善待、善用、善管新媒体,让新媒体更深入地反映群众心声,更广泛地收集社情民意,更顺畅地实现海量信息共享,更科学地关注和引导社会热点问题。总之,构建媒体融合发展新格局,必须坚持把实现好、维护好、发展好最广大人民群众的根本利益作为出发点

[①]新华社.习近平强调:努力把宣传思想工作做得更好[EB/OL].(2013-08-20)[2023-02-06].https://www.gov.cn/ldhd/2013-08/20/content_2470599.htm.

和落脚点。作为高校,融媒体时代要把师生的需求、师生的关切、师生的发展等作为重点,要坚持正面宣传为主,团结稳定鼓劲,多多向师生提供正能量的宣传"营养",多多激励师生践行社会主义核心价值观,把握好时、度、效,增强吸引力和感染力,成风化人,增强师生对党和国家的认同感。

(三)实现传播内容融合

过分强调融媒体时代技术在传播中的作用是错误的,内容至上才是传播之道。融媒体着重内容融合。单一的表现方式是传统媒体的一块短板。除此之外,传统媒体进行科学传播时对于内容都是"按稿发布",出现了受众阅读理解难度变大、交流为零的情况。新技术把传统媒体作为基石,利用数字媒体来进行科学传播活动,改变了传统媒体单一的传播方式,把视、听、说融为一体,同时利用网络平台的传输特点,缩短了时间空间,把平面传播变成了立体传播。

媒体融合发展不是简单的"传统媒体+互联网",而是把核心的内容和基础的平台互相融合,通过内容与平台两个方面同时发力,不断提升媒体的传播力、引导力、影响力和公信力。在媒体融合发展中,首先必须坚持内容至上。在"人人都有麦克风"的时代,过去单向、被动接受内容的"受众"变成了"用户",可以随时随地通过对内容的选择性阅读、转发、评论等来发声。在纷繁复杂的媒体环境中,媒体的内容(包括观点)成了媒体黏性的关键,没有优质内容就没有竞争力。新型主流媒体要拿好手中的"麦克风",必须坚持内容至上,把传统媒体的"稳"与"准"和新媒体的"快"与"活"结合起来,主动亮剑、自信表达,明辨是非、扶正祛邪,在多元中主导,做好"定音锤",让公众在主流渠道中获得自己的信息来源,在主流声音中找到自己的文化归属。

(四)实现传播平台再造

内容有了,平台就是关键。优质的内容是媒体的制胜法宝。但是面对铺天盖地、扑面而来的信息,我们要把重点放在怎样把内容快速传播到受众手中,以及怎样使受众有良好的用户体验。我们应该把受众中心化,根据受众的需求不断开拓新的平台,来实现传播覆盖的最大化,增加其传播力、影响力。根据事件的不同性质,应该使用相应的报道方式为不同的传播平台提供信息,"融媒体中心作为技术支持平台及内容整合平台,将原素材加工成不同的形态,以适应不同传播平台的特点[①]。"传播渠道的开发既能够增大传播范围,也能够在竞争的市场经济环境下扩大外延、赢取资金,以此支撑媒体更深层次的发展。

媒体融合发展需要借助技术手段实现平台再造,拓宽传播渠道,重构媒体与用户的关系。在这方面,许多媒体正在进行积极探索,如人民日报社的"一次采集、多种生成、多元传播"的"中央厨房"模式,便是这样一种有益尝试。新形势下,推动媒体融合发展,可以依托传统媒体强大的采编能力备足、备好内容原材料,在全媒体平台上进行话题策划、报道统筹,实现集约化和多层次的内容生产、资源共享。同时,通过新的设备工具和移动终端来重构内容分发、传播和反馈机制,实现多渠道传播和受众覆盖最大化。此外,随着大数据、云计算等的发展,新型主流媒体可以通过平台再造

①张迪.传统媒体的融媒体发展策略[J].青年记者,2015(03).

对用户特征进行精准把握,从而实现分众化、精准化传播[①]。

三、融媒体时代的新闻特征

(一)媒介融合性

新闻事业是党和人民的喉舌,特别是在现代化建设深入推进以及社会主义精神文明建设步伐显著加快的背景下,党和国家对新闻传播的重视度也愈来愈高,并出台了一系列支持政策。对于我国现代化发展而言,新闻行业所占据的地位是无可取代的,其主要作用就是对社会舆论进行正确引导。在我国社会主义事业步入全新发展阶段的背景下,实现我国伟大复兴的中国梦就必须加强对新闻媒体行业的改革,传统新闻媒体在新时代发生了翻天覆地的变化,其中一个重大变化就是和各种新型新闻媒体的融合程度逐渐加深,在各种新技术的支持和促进下,全新的媒体平台和媒体形态大量涌现,传统新闻媒体面临的发展环境也越发复杂,对于一些无法紧跟时代发展脚步、不能结合当今时代特点进行积极创新的传统媒体,必定会陷入退出历史舞台的危险境地。

(二)直播常态化

当下人们的生活节奏不断加快,社会各个领域和普通群众的思想观念也出现了极大变化,随着社会实践的不断发展,每天发生的新闻事件显著增加,大众可以通过多样化途径进行新闻信息的获取,在同一新闻事件可利用多个平台同步传播的背景下,传统新闻媒体要实现自身竞争优势

---

①张雷,孙巍. 融媒体时代大学生中国梦教育研究[M]. 镇江:江苏大学出版社,2019.

的提升,就必须加强对发展观念和发展模式的创新,做到与时俱进,满足受众群体对新闻传播时效性、个性化的需求。

在融媒体环境下,新闻传播不仅在信息的及时性、互动性上提出了更高的要求,同时也在受众的现场感受上提出了更加严格的要求,现场新闻直播开始慢慢成为当下新闻播报的一种新常态。例如,在2019年的多次重大台风新闻事件中,中央电视台的新闻记者就深入走访了沿海受灾地区,并及时将受灾现场的采访通过直播的形式反馈给广大受众群体。相较于传统的报道模式而言,这种现场报道的方式更能凸显出新闻的时效性优势[①]。

第三节　媒体融合的形成与发展

一、媒体融合的形成

"媒体融合"一词最早源于西方。

"融合"(convergence)一词最初源于理工学科,意为收敛。直至20世纪70年代末,该词因计算机和互联网的发展才被引入新闻传播学领域。1977年David Farber和Paul Baran在Science发表《计算和通讯系统的聚合》一文,首次提出计算机与通信融合的思想。1978年,美国麻省理工学院教授尼古拉·尼葛洛庞蒂(Nicholas Negroponte)借助三个相互交叉的圆圈来演示和描述计算机工业、出版印刷工业和广

---

①马德海. 浅谈融媒体时代新闻记者应该具备的核心能力[J]. 记者观察(上),2021(12):44.

播电影工业的技术边界趋于重叠的聚合过程。哥伦比亚广播公司主席 William Paley 在 1980 年广播界年会上发表讲演,重点论述了新闻信息传播机制的融合(the convergence of delivery mechanisms for news and information)给业界带来的新挑战。

20 世纪 80 年代后,"Convergence"一词得到了进一步推广和普及。美国哈佛大学教授安瑟尼·G.欧廷格(Anthony G.Oettinger)及法国的西蒙·诺拉(Simon Nora)和阿兰·孟克(Alain Minc)分别创造了"Compunication"(计算机通信)和"Telelmatiqu"(电信技术)两个新词,试图以此反映数字融合的发展趋势[①]。

21 世纪初,互联网、社交媒体、数字技术的出现打破了传统的媒体发展模式,加速了新闻传播业走向融合发展的脚步。美国皮尤研究中心(Pew Research Center)发布的一项研究报告中指出,当今社会正在经历三项传播科技所带来的深刻变革,即互联网技术的发展改变了传播信息的方式,4G 和智能手机的发展打破了受众接收和发送信息的时间和空间的限制,社交媒体的兴起使信息传播从传统的点对多模式发展成为"病毒式"传播。除了技术条件成熟外,政策法规方面也为媒体融合亮了绿灯。标志性的政策调整是美国国会通过了《1996 年传播法案》,法案取消了对传媒跨媒体(cross-ownership)经营的限制;同时,开放电讯、互联网和广播电视网之间的业务融合。于是,媒体融合在美国被正

①宋昭勋. 新闻传播学中 Convergence 一词源及内涵[J]. 现代传播(中国传媒大学学报),2006(01):51-53.

式提上日程[①]。

二、媒体融合的发展

融合不仅是技术上的相融,思想、体制机制以及文化的深度融合,才是媒介融合自诞生以来,最难以克服且困难重重的重点。媒介融合在我国的发展,遵循的依旧是先试点、后全面铺开的方法。纵观我国媒介融合发展的脉络,总体上呈现出东部早于西部,经济发达地区早于经济落后地区的态势。经济基础、媒介资源基础、媒体发展环境等因素,对媒介融合发展有明显的影响。实践发现,借助先天资源的优势,经济水平和媒介发展环境较好的地区,其媒介融合发展的速度和质量明显领先于一些基础条件并不理想的地区。

虽然美国学者依梯尔·索勒·普尔(Ithiel De Sola Pool)早在1983年就提出了媒体融合的理念,但由于该设想过于超前,再加之当时各家媒体发展势头迅猛,报刊、广播、电视等几家媒体各自为王,在那个传统媒体处于大繁荣的时代,"融合"显得十分格格不入,并不符合当时的时代背景以及媒体发展的现况。在经历了一波集团化的扩张之后,传统媒体实力大大增强,逐渐形成了几家独大的局面。当现有的平台和资源无法承担起媒介集团进一步发展的需求,寻求融合就满足了现实需求。即使是首次提出媒介融合的美国,有关媒介融合最早的尝试,也要等到千禧年之后。2000年,美国佛罗里达州坦帕市多媒体平台正式运行,这一标志性事件被越来越多的学者和业界人士视为媒介融合的开

①魏然,黄冠雄. 美英媒体融合现状与评析[J]. 华中师范大学学报(人文社会科学版),2015,54(06).

端。今天我们再回顾佛罗里达州坦帕市多媒体平台的建立过程,以《坦帕论坛报》、WFLA—电视8台和TBO.com网站,三大媒体平台的融合及采编人员的整合,成为三网融合的典型案例,同时也开创了媒介融合的实践。自此之后,世界范围内掀起了一波媒介融合的狂潮。融合历经20年的发展,媒介基本遵循的原则和方式,依旧带有早期佛罗里达州坦帕市多媒体平台的影子。

根据美国西北大学的著名传播学者Everette E.Dennis的观察和分析,美国的媒介融合演进经历了四个阶段。第一阶段是20世纪70年代末80年代初,媒体融合主要发生在大众媒体和其他产业间,这一阶段的媒体融合主要以市场为导向,以资源共享和规模效应为目标,并以并购和合作等形式来达成。例如,索尼作为电子制造业龙头企业从20世纪80年代开始进军电影产业,先后并购了哥伦比亚三星电影公司和米高梅电影公司,致力于将硬件生产和内容创作结合,从而在市场中走在前列。第二阶段是以互联网的出现为标志,始于20世纪90年代,媒体融合理念兴起,并逐步被媒体产业和市场接受。第三阶段即是20世纪90年代末期,在这个时期,出现了很多媒介融合的案例,最著名的莫过于2000年时代华纳和美国在线(AOL)的合并,标志着传统媒体和互联网的结合。同时媒体融合不仅仅着眼于资本重组,也开始将内容生产纳入了融合范畴,例如媒介内容如何实现跨平台生产、传播和流通。第四阶段是进入21世纪后,随着媒体融合的深入,学术界和媒介产业人士对媒体融合的实践进行了反思,例如,21世纪初时代华纳和美国在线合并时,媒体和学界都是一片赞誉,而若干年后,在其实际运作中暴露出不少问题,如经营策略和业务模式的滞后,企业文化的冲突,等等。

目前媒体融合的研究并不仅限于英美等少数几个国家,而是广泛分布到世界各地,如奥地利、西班牙、德国、新加坡、中国、罗马尼亚、瑞典等,证明了媒体融合的潮流在国际学术界受到普遍重视,更印证了这股潮流正借着新技术的东风在各个国家纷纷展开。Jose A.Garcia-Aviles,Andy Kaltenbrunner以及Klaus Meier通过对奥地利、西班牙和德国三地的融合性新闻工作室的个案比较,发现在媒体融合过程中,有五点至关重要:市场环境、新闻编辑室组织架构、新闻制作工作流程和内容、改变管理方式和传媒人员培训新的技能、受众参与[①]。美国学者Richard Maxwell和Toby Miller从绩效以及传媒企业经营产出的角度提出,数字媒体的融合应该要达到公司管理层面的高效、新闻产品用户在体验层面的方便、全球范围的互动和人际沟通的网络化,因此,媒体融合的绩效应表现在传媒企业外部,而不仅仅是内部新闻编辑室工作方式的变化,更深远地说,媒体融合带来的是传播模式和生活方式的变革,以适应从工业化社会向后工业化(即信息社会)的转变。

总之,西方的媒体融合经过了近半个世纪的探索和实践,积累了丰富的经验和教训,而学者们从多个角度对这一课题进行了深入的研究,他们的研究既有对个案的分析,又有对这一现象的长期追踪和实证数据,而这些详尽的实证

---

① Garcia-Aviles, J. A., Kaltenbrunner A., and Meier K. Media Convergence Revisited:Lessons Learned on Newsroom Integration in Austria,Germany and Spain[J]. Journalism Practice 8, no.5(2014):573-584.

研究又促进了理论的向前发展,有益于进一步指导实践。

21世纪到来,互联网不但改变了人们工作、学习和生活的方式,而且也改变了人们对信息的获取、分享和思维方式。面对巨大的冲击,世界报业进入寒冬,许多知名品牌或丢盔弃甲、自乱阵脚,或改换门庭、破产倒闭。2012年起,我国报纸总印刷量连续六年下降,2016年和2015年环比下降15%以上,2018年宣布停刊、休刊的报纸达到53种①。2014至2016年,我国报业广告降幅分别为18.3%、35.4%和38.7%。广告和发行量双双折戟,报纸读者急剧流失,有专家甚至称我国报业正遭遇断崖式滑落。

我国最早关于媒介融合的学术研究,可追溯到1996年,学者徐立军在论文中首次介绍了媒介融合的概念。我国有关媒介融合的系统研究始于2005年,学者蔡雯对美国媒介融合的现实情况进行了深入阐述,同时对我国媒介融合的发展展开了讨论。蔡雯对媒介融合的定义,是我国学者首次对媒介融合相关概念进行界定。她认为媒介融合是指在以数字技术、网络技术和电子通信技术为核心的科学技术的推动下,组成大媒体业的各产业组织在经济利益和社会需求的驱动下通过合作、并购和整合等手段,实现不同媒介形态的内容融合、传播渠道融合和媒体终端融合的过程②。也正是这一年,《北京日报》在报纸版面上印制了二维码来增强互动性,人们由此窥探到了不同媒介之间融合的可能性,这被视为一次巨大的突破。二维码虽小,却预示着我国媒体开始从单一走向多元,从分散走向融合。

---

①胡线勤.中国报业现状与未来趋势探究[J].中国报业,2019(15):34-39.
②蔡雯.媒体融合与融合新闻[M].北京:人民出版社,2012:6.

2009年,中国网络电视台成立,这标志着我国主流媒体标杆——央视正式向媒介融合迈进。中国网络电视台的定位为:经过批准设立的国家综合网络视频公共平台,是以视听互动为核心、融网络特色与电视特色于一体的全球化、多语种、多终端的立体化传播平台。自此,在我国主流媒体的带动下,我国各媒介集团进行了自上而下的媒介融合实践。

而真正使得媒介融合成为学界和业界讨论热点的是2013年,十八届三中全会通过《中共中央关于全面深化改革若干重大问题的决定》,指出要"整合新闻媒体资源,推动传统媒体和新兴媒体融合发展"。中央意识到了新闻传播工作的重要性以及主流媒体在意识形态领域存在被边缘化的可能,因此将媒体融合纳入全面深化改革这一重大国策中,希望传统媒体能够创新传播手段,将互联网带来的挑战转化为机遇。在经过了初期一系列试点和经验总结后,2014年,中央全面深化改革委员会第四次会议通过《关于推动传统媒体和新兴媒体融合发展的指导意见》,进一步细化了媒体融合的具体战略,即"要遵循新闻传播规律和新兴媒体发展规律,强化互联网思维,坚持传统媒体和新兴媒体优势互补、一体发展,坚持先进技术为支撑、内容建设为根本,推动传统媒体和新兴媒体在内容、渠道、平台、经营、管理等方面的深度融合,着力打造一批形态多样、手段先进、具有竞争力的新型主流媒体,建成几家拥有强大实力和传播力、公信力、影响力的新型媒体集团,形成立体多样、融合发展的现代传播体系。要一手抓融合,一手抓管理,确保融合发展沿着正确方向推进。"喉舌原则和互联网思维成为支撑媒体融合的底层逻辑,媒体融合的具体环节可简化为新闻生产、营销推广和经营管理的环节,最终目的是形成具有强大舆论引导力的主流媒体、媒体集团乃至传播体系。技术、平台和管理等话语的引入打破了内容为王的神话,也预示着改良式内容创新势必被结构式全面革命所取代。

2016年,习近平总书记在党的新闻舆论工作座谈会上发表讲话,提出应"尽快从相'加'阶段迈向相'融'阶段,从'你是你、我是我'变成'你中有我、我中有你',进而变成'你就是我、我就是你',着力打造一批新型主流媒体"。讲话指出目前媒体融合还处于简单相关的阶段,媒体运作应围绕互联网展开,而不是将互联网作为附属工具。之后,学界和业界就此政策纲要进一步思索更深层次的变革。在全面推进"中央厨房"等创新机制之后,省级以上的媒体融合工作开始取得一定成效。在2018年全国宣传思想工作会议上,习近平总书记在肯定既往媒体融合成果基础上进一步提出"县级融媒体"这一概念。正如陈昌凤所说,媒体融合本质上是作为政策主体的执政党在新的执政环境下对技术驱动的媒体融合发展趋势作出的政策回应,核心是使官方意识形态在新的媒体格局中拥有主流地位,发挥引领作用①。县级融媒体是对基层媒体融合的有效补充,将媒介融合的触角伸向以往不曾触碰的基层,是我国依据国情所制定的有效整合基层媒体资源,维护基层意识形态阵地的重大举措。

我国媒介融合的发展历程可以被视为互联网在我国的整个发展史,总体可分为三个阶段。第一阶段是web 1.0时期。web 1.0时期是单向传播的年代,将与用户互动降到了

---

①陈昌凤,杨依军. 意识形态安全与党管媒体原则——中国媒体融合政策之形成与体系建构[J]. 现代传播(中国传媒大学学报),2015,37(11):26-33.

最低限度。网页是"只读的",用户只能搜索、浏览信息。这一时期传统媒体开始纷纷开设网站,主要依托网页技术将其业务向网站、手机报、电子报等衍生。风靡一时的手机报,在赢得了第一波互联网红利之后迅速衰落。

web 2.0时期是以社交平台为代表的时代,微博、贴吧、论坛等社交平台逐渐将人们的视野拉到互联网上,庞大的社交网络将数以亿计的人从现实世界拉到虚拟平台上来,展现出强大的传播力、影响力。各大主流媒体纷纷入驻"两微一端",各级政府的微信公众号、微博账号等如同雨后春笋般疯狂增加。也正是这个时期,"纸媒已死"的论调开始盛行,传统媒体谋求转型自此开始,媒介融合被视为传统媒体转型的一条康庄大道。传统媒体依托其现有资源,凭借雄厚的资金和人才优势,与互联网开始了一场事关"生死存亡"的较量。互联网的浪潮之下,传统媒体顺应潮流方能获得新生,逆流而上终难以维系。

web 3.0时期是以更具人性化的互联网为代表的时代,即媒介融合的第三阶段。在这个时期,人工智能技术快速发展,传统媒体转型迎来了一个新的节点。经过多年的转型,以央视、《人民日报》为代表的主流媒体依旧具有强大的影响力。机器人新闻写作、VR技术、AI技术等先进新媒介技术的使用,使得这些老牌媒体散发出了紧跟时代的新气息。

我国的媒介融合走过十五年,这十五年如同大浪淘沙,磨砺了传统媒体,同时也淘汰了部分难以适应新媒介环境的媒体。新的媒介技术日新月异,不进则退,媒体融合的道路将永不停息①。

---

①张宏邦.县级融媒体:国际化视野与本土化建设[M].厦门:厦门大学出版社,2021.

第四节　媒体融合的功能与影响

一、媒体融合的功能

融媒体可以使人们用来传播,传播是它的重要功能,但融媒体的出现和发展,使它在社会中还有"生活场"或"生活情境"功能。融媒体的存在,使社会生活各个不同部分关联更加密切以适应新环境,并使整个社会进程有效率地持续下去,要是没有这些融媒体,人类生活前进的脚步将会放慢。

(一)媒体融合的传播功能

融媒体的本质仍是媒介,所以它当然具有媒介的根本功能——传播。

按传统传播理论,传播媒介主要的社会功能是报道新闻,传播信息;表达意见,沟通情况;宣传政策,引导舆论;服务社会、指导生活;传播知识,普及教育;提供娱乐,裨益身心;播载广告,促进产销。

融媒体作为传播媒介,上述这一切功能都没有变化,但由于融媒体传播形式所具有的特点,几乎使上述所有的功能得到了加强。融媒体的优势之一是它的互动性,通过新闻网页与谈天室等,大家可以立刻发表意见与参与辩论。

在网络传播中,除了上述的大众传播特性外,同时,还融人际传播、群体传播、组织传播为一体。传统的人际传播的方式有:谈话、书信、打电话等,这些都可以在网络中进行。人际传播中的谈话一般是指不通过中介的直接交谈，不仅可以看到对方的谈话，而且还可以看到对方的表情、神态，感受到空间语言的气氛。但随着社会的发展，通过融媒体可进行可视交谈了。人际传播依托于网络系统、浓缩于同一平台，这就为有关的研究提供了新的更为有利的条件。

融媒体传播为人们提供了新的信息方法，增加信息量及为传播提供了新的信息寻求模式。这里的信息方法，是把融媒体看作是一个信息流动系统，通过对这个系统的分析和处理，达到认识和利用融媒体传播运动的特点和规律的目的，并且无论网络传播的具体运动形态如何，新闻报道也可从中提取和利用其有价值的内容。因为网络传播以有效的手段提供了完整的信息流程：信息——输入——存贮——处理——输出——信息——反馈——信息。这种信息方法不需要判断对象的内在联系，进行解剖分析，它可以从整体出发，用信息流程和内容研究所需要研究的对象，获得所需要获得的信息，并可以获取关于对象的整体性认识，为新闻从业人员及网民们研究复杂对象提供新的对象、思路，也为他们提供了新的认识手段，所谓信息寻求模式，是指寻找所需信息的经验概括。网络提供了一个更大、更新的信息空间，无论是传播专业人士，还是普通的融媒体使用者都可以以此建立起自己寻求信息的模式。

信息量原是指通过系统传送所得信息的数量。由于信息量的实质是指信息在消除不确定性之后的数量，所以，这一重要概念在传播学理论和实践的运用主要指新闻报道的信息量，在于消除不确定性之后的存量。由于每个人对信息的需求不一致，信息量的大与小也是因人而论，另外，任何消息源到消息的最终接受者的过程中,都会受到干扰,确定性的量也会随不确定性的量一起被消除一部分,因此,直接到消息源获取第一手资料,是减少信息损失的最佳办法。融媒体传播的开放性特征,为消息接受者直接抵达消息源提供了可能性。融媒体时代的媒介传播功能已有了很大的变化,我们可用下表(1-1)来进行对比分析。

表1-1　融媒体、口语与传统媒介社会传播功能比较

传播功能	口语社会	传统媒介社会	融媒体社会
社会雷达(监视)	个人接触、游说、宣传、会议、集市	个人接触、新闻性大众媒介	个人接触、传统大众媒介、数字化传播媒介
管理	个人影响、领袖、委员会	个人影响、意见领袖、政府和法律机构、大众媒介舆论	多中心式舆论影响、数字化传播媒介舆论、政府和法律机构
指导	家庭教育、专家示范、学徒制	社会化家庭教育、教育制度、媒介指导性和参考媒介内容	家庭教育、学校教育、多媒体生动教学、教和学的内容数字存储
娱乐	民谣歌手、舞蹈者、说书人、群体参与	个人创造性的表演、集体导演的艺术、大众媒介上的娱乐	集体创作导演、自编自导艺术、同时同期场景平台式互动式娱乐
生活情境	方圆几十里目击、借助马车等非机动交通工具	电能所及的地方、电视录制播放时差或短时间延迟目击、借助飞机等机动交通工具	电缆、光缆、电磁波所及的地方,以光速的瞬时、同时目击、数字化的高清晰度

（二）媒体融合的"生活场""生活情境"功能

在新闻媒体产生之前，传统的媒体构成了许多相对封闭的系统，但"我们个人的感官不是一个个封闭的系统，而会在我会称之为'（总）'意识（consciousness）中，不断地翻译给出所有其他的感官。我们延伸了的感官、工具、技术，历经所有时代，都一直是一个个封闭的系统，没法交互作用或具备集体知觉。我们延伸了的官能与感官现在构成了一个单一的经验场，强烈地要求要变得具备集体意识。我们的各种科技，像是我们的个人的感官一样，现在强烈地要求交互作用，要求具备一种合理协调，使得理性的共存能够发生。只要我们的科技还是和车轮或字母或金钱一样的动作缓慢，而就因为它们是个别的，人类就在社会上，在精神上支持封闭的系统。现在情形已不复如此，因为视听和移动都已是同时发生，并且在外延上已是全球性的了。在这些对我们人类功能的延伸之间的交互作用上，已经有集体的必要，需要有一种合理协调的理性，就好比我们私有的感官一向需要一种个人的，私有的，从前称之为'神智'的理性一样①。"

严格地说，新媒体并不仅是一种会"流动"的东西，而是一种我们体会到的事物以及人类相互间关系的状态。我们现在经常说"新人类"生活，"新人类"生活的特点之一就是有新媒介，"新人类"比非新人类更多地使用融媒体。当然，这并不是指融媒体在社会上的普及率不高。目前对很多人来说，没有融媒体的生活是难以想象的。融媒体所营造的

---

① 艾利克·麦克卢汉. 预知传播纪事（Essential McLuhan）[M]. 汪益，译. 台北：台湾商务印书馆，1999：234.

生活氛围可以简单分为两类:即真实的和虚拟的。融媒体在生活中真实的一面是它已经融入和嵌入到人们的日常生活中了,已经和人们的日常生活密不可分了。在人们生活中有所谓的"衣食住行";一如小Q一天的生活,他买东西通过新媒体、交费通过新媒体、日常生活计划安排通过新媒体、出游依赖新媒体、享受依赖新媒体,新媒体就是生活本身。

如果马斯洛有幸能生活在当今的融媒体时代,他也许会改变他发明的家喻户晓的人类层级需求金字塔,将融媒体放入物质需求层次和精神需求层次中间,它是人类物质和精神需求的寄居体。因为融媒体的存在是符合人类追求的效率生活的终极原则的。"地球村"的概念是加拿大学者麦克卢汉(Eric Mcluhan)在1964年提出的,他在《理解媒介:论人的延伸》一书中写道:"由于电力使地球缩小,我们这个地球不过是小小的村落……电力可能会使人的意识放大到全球的规模……电力媒介将会使许多人退出原来那种分割的社会——条条块块割裂的、分析功能的社会,产生一个人人参与的、新型的、整合的地球村①。"当时响应的人并不多,人们很难想象偌大一个地球有一天会变成一个村落,由于麦克卢汉的这个观点缺少完整意义上的逻辑推理与过程分析,后来他在1969年回答《花花公子》的记者时做了补充:"电视和喷气飞机——经过压缩时间和空间,把全世界变成为一个村落,摧毁原来的都市——乡村二元结构"②,从麦克

---

① 艾利克·麦克卢汉,弗兰克,秦格龙.麦克卢汉精粹[M].南京:南京大学出版社,2000:394.

② 艾利克.麦克卢汉.预知传播纪事(Essential McLuhan)[M].汪益,译.台北:台湾商务印书馆,1999:67.

卢汉的解释我们至少可以理解的主要线索是：信息瞬时传播导致距离的虚无，或可以忽略不计。

另外"地球村"概念本身就是一面镜子，在参照过去的村落，去求解数字化时代的新媒介。清楚了这一点，我们也可以用"后视镜"对"地球村"做一点补充，也就是"地球村"只是一种人为地把未来与过去联系起来的简便方式，其实现在的新媒体时代完全是一种全新的环境，是对旧环境来说的革命力量。它包含过去的某些环境，但我们决不能仅仅认为它是一种改进的环境，只有看到了它的革命性和颠覆性，才能更好地把握这种媒介①。

二、媒体融合的影响

（一）媒体融合能够合理配置媒介资源，优化媒介生态环境

以往媒介产物的生产方式是比较统一的，即按照严格模式顺序进行生产。随着信息化时代的到来，信息的产生与传导都发生了新的变化，不再是完全以统一的形式出现，而这也突破了媒介之间的障碍，使二者融合获得了发展的契机。

我国的传统媒体都在保持着"事业"部门的特质，由于一些因素的影响造成其体制内部的缺陷与不成熟，比如信息资源的浪费、人才资源的青黄不接、信息质量下降等问题。但随着新旧融合态势的发展，传统媒体逐步与市场经济接轨，并且以市场经济的视角整合资源，在很大的程度上减少了资源的浪费，并通过新旧配合，让媒介的生态环境得到了质的飞跃。

①陈绚.论媒体融合的功能[J].国际新闻界，2006(12)：72-76.

（二）媒体融合能够最大限度满足受众的需求

现今的信息化社会,媒体已经在不知不觉中深入到国民生活的各个层面,大众媒体成为人们日常生活中不可或缺的内容之一。媒介理论家麦克卢汉曾说过,媒介是人感知的延长,人们依托媒介获取外界种种事物,其重要出发点就是为了掌控信息,使获取方得到更好的成长机会。现今,受众需求的类型以及数量开始发生变化,这也使信息需求从大众化向着分众化发展并逐渐演化成个体化。

媒体融合能够让媒介产物拥有更加灵活的交互性与个性化,使人们都能够找到自己喜欢的东西。媒体融合不但为人们带来便捷的传媒服务以及传媒产品,还为传媒机构带来长久发展的好机会。从受众的视角来看,媒体融合能够让受众群体更加享受媒体带来的快捷性、灵活性。

（三）媒体融合能够提升传媒的核心竞争力

媒体融合能够促使媒介生成更好的、具备强大竞争力的产品,从而提高整个市场的竞争力。这种竞争力能够以客观的形式支撑传媒企业为人们研发出更好的媒介产品。融合后的媒体在发挥传统媒体特点的同时,更能够兼备网络、移动终端的信息传播,完成资源共享的最大目标,并逐渐转化为一个统一的"整体"。

传媒领域中,不少学者认为由于媒体融合提高了新闻等形式信息的报道与传播的效率,并且依托优秀的媒介(包括广播、电视台、报纸、网络等),让人们可以随时进行信息的阅读。因此,这种融合也提高了媒介产品的服务质量。反过来说,服务质量的提高也就意味着更多的市场份额以及收视效果,而这也让传媒企业的营收模式发生了重大的变革,这种变革让本土传媒不仅在本领域中有着不错的表现,同时也让其在国际市场上有着一定的竞争力[①]。

第五节 媒体融合的本质、目的及意义

一、媒体融合的本质

真正的媒体融合是生产、传播、运营、消费全方位的彻底的融合。媒体融合的本质是融,非合也,是参与、互动、协同、共赢,是以信息技术进行新闻消费行为的改革和新闻商业模式的创新,而不是供稿方式多媒体、多介质、多渠道的简单叠加,是新老媒体资源、渠道、终端等优势的互补,内容生产、传播、营运、竞争优势的进一步提升,因此,媒体融合的本质诉求是发展,是优势互补、融合发展,而不是简单、草率、形而上的整合或组合。

媒体融合主要是传统媒体向数字媒体发展的过程。传统媒体的传播媒介单一,主要是图书、报纸、电视等媒体。而媒体融合后,新媒体大量出现,由于新媒体功能丰富,传播途径依赖于互联网,大大提高了信息的传播效率。

(一)技术融合

媒体时代的变革以技术的发展为外在体现,同时也以其内在为推动力。在媒体融合时代,对于传统媒体而言首先应当做好的便是技术融合,构建互联互通、标准统一的媒

---

①陶玉珺. 新媒体与传统媒体融合的影响与意义探讨[J]. 电视指南,2018(10):185.

介体系。在技术融合过程中,传统媒体要努力适应技术发展所带来的新的逻辑思维方式,抛弃以既往优势打天下的想法,顺应技术发展的潮流,围绕受众需求不断提升自身综合能力。

在此过程中,传统媒体应当抛弃工业化时代以来的领地意识,依靠技术发展的冲击力打破既有市场的边界划分,在迎接更为广阔的生存和发展空间的同时也与更多的新兴媒体建立协同式发展模式,以技术的不断更迭来迎接智能媒体时代的到来。

媒体融合中,技术融合始终是基础、是支撑。技术融合需要打通技术壁垒,形成新型一体化技术平台,通过开放包容的技术体系支撑灵活的应用模式。

(二)人人融合

所谓人人融合,通俗而言即是传统媒体与新兴媒体在消除了行业、角色之别之后,仅以传媒人的身份进行融合,实现更深入、平等的合作。媒体深度融合,技术平台建设只是一环,要借助技术平台逐步完成融媒体生产、运营、业态等的转变,转变的主体是人。新媒体实践中,工作人员往往缺乏积极性、敏感性和新思路。由于融媒体技术平台是多种技术的融合,汇各家之长,集各系统之能,需不断使用完善。采编、技术人员只有共同努力,才能逐步进入良性循环。媒体深度融合需要人来落实,需要形成人机合一的系统。另外,还需要鼓励全员参与,激发团队创造力,为年轻人提供施展机会。技术人员需增强危机意识,及时更新技术和技能,完成媒体深度融合进程中所需的技术转型。同时及时发现和培养对新技术、新方法感兴趣、爱尝试的人员,支持他们向复合型人才转型。

随着技术的发展,技术标准也将实现统一,因此媒体产业的链条也终将被打通。当前,传统媒体与新媒体之间仍然存在着机构、身份等的差别,这种天然的差别使得彼此之间的融合难以更进一步深入,虽然技术标准和技术体系在趋同发展,但是长久以来形成的差别依旧阻碍着融合发展。相信在不久的未来,随着技术的更进一步发展以及技术融合的更进一步深入,传媒人身份、机构等之间的差异会越来越不明显,分而治之的传媒领域格局将会彻底成为历史。

在人人融合的过程中,传统媒体与新兴媒体并不是分别消失,而是更多地将传播权交给社会大众,其只起到传播中转站的作用。比如:在当前的碎片化信息传播格局中,新兴媒体已经不再是某一个专门的机构,所有人都是新兴媒体,新兴媒体是所有的社会公众。在这样的局面下,传统媒体如若不进行人人融合,就是逆时代发展潮流了。因此对于传统媒体而言,其应当积极去适应"人人参与传播"的时代趋势,既成为文化传播链条上的一个重要组成部分,实现深度的人人融合,同时也以一个不同于以往的存在方式完成自身的使命,承担相应的社会责任。

(三)媒介与社会的融合

媒介从其本质意义上而言就是可以实现能量、信息等传递的物质,在媒体融合时代,媒介就是社会大众。

在传统媒体时代,由于技术的限制,出现了媒介的分化,如特有的传播渠道、传播群体等,也出现了传统媒体与新兴媒体之分。但是随着网络技术的发展,由于网络技术的放射性传播,使得信息传播的边界大为拓展。互联网技术让整个社会都变成了信息传播的媒介,更确切地说是将整个社会的媒介属性释放了出来。媒介回归于社会,回归其本来的属性,既是社会的一个组成部分,又是媒介生态环境的一个组成部分,哪里有社会公众的存在,哪里就有媒介传播的发生[①]。

二、媒体融合的目的

中办、国办下发的《关于推动传统媒体与新兴媒体融合发展的指导意见》提出,推动媒体融合的目的就是要充分运用新技术、新应用创新媒体融合传播方式,占领信息传播制高点,掌握网络空间话语权,巩固宣传文化阵地,保障文化安全和意识形态安全。这是主流媒体的历史使命和社会责任。

从具体实践上来说,媒体融合的目的有三个层次:

(一)媒体互动——你中有我,我中有你

此层面的融合从属于媒体战术性融合,通常是指传统媒体以及新媒体之间的营销互动与合作。此项融合并不涉猎媒体所有权合并方面,其从属于层次相对较为浅显的融合模式,所以将其称为媒体互动显然更为精确。此层次的特征是各个媒体之间依然界限分明,但是会在内容以及营销层面产生交叉,呈现出"你中有我,我中有你"的现象。

在新媒体出现之初,传统媒体中的内容被广泛应用到新媒体之中,部分门户网站虽然没有采访权,但是却借助于传统媒体所具备的海量内容收获了大量受众群体。诸如新

---

①邢佳佳. 浅谈融媒体背景下的媒介融合思维[J]. 记者摇篮,2022 (05):75-77.

浪网的新闻几乎都来自于报纸中,自身原创内容并不多,但是却获得了大量青少年的喜欢。在传统媒体与新媒体的互动中,新媒体实际上更为看重和受众群体之间的交流沟通。而传统媒体则是通过新媒体来了解有关于受众群体的信息,诸如央视的部分栏目会在新浪网等新媒体网站中征集相应的新闻线索,开展受众调查等。

(二)媒体整合——相互统一,协同作战

媒体整合从属于媒体融合的第二个层面,就当前来看,我国媒体整合尚且面临着大量困难。首先是政策方面的壁垒,采访报道的职能并未向所有媒体单位开放,与此同时,跨地区的媒体交流尚且还有部分政策上的限制,诸如网络媒体不允许兴办电视台或者报纸刊物;报纸刊物虽然具备相应的采访权利,但是却并不具备兴办电视台的权利等。在此种情况下,媒体整合所需要的多媒体平台往往难以搭建。

其次则是管理层面的壁垒,《人民日报》、人民网等传统媒体虽然在网站建设方面形成了新媒体的基本架构,但是整体上依然呈现出各自为政的情况,多是停留于媒体互动层面上。其中涉猎到传统媒体内部管控落后、整合能力落后等问题,传统媒体如果想要在新媒体平台中依然具有强悍的影响力,那么不仅需要强化自身在内容方面以及舆论导向方面的重要优势,而且还需要整合人才资源以及媒体资源,构建更为行之有效的管理平台。

最后则是人才层面的壁垒。媒体整合往往需要大量人力资源作为支撑。但就目前来看,虽然新媒体的发展已经持续十数年,但是本质上来讲,能够利用多媒体来开展采访活动,熟练应用多媒体技巧的记者还是不够充足。在媒体整合的大环境下,采访记者不仅需要掌握提问的技巧,而且还需要熟练使用各种摄像机、录音机等工具,用以整合视听素材;不但需要结合不同平台的特征来发布新闻,而且还需要在新闻中整合各种动画、图片、视频等重要形式,这对于人才培养而言,显然是一项极大的挑战。

（三）媒体大融合——携手共进,你就是我

随着媒体整合的不断深入以及传媒市场的不断发展,最终会出现网络、媒体以及通信相互融合的状态,打造出全新的融合媒体数字平台。例如,电视不仅仅是当前意义上的网络电视,更有可能和电脑一样接收各种来源于网络中的数字化内容,观众甚至还可以在电视中发布相应的评论或者弹幕。此种电视并非传统意义上的电视媒体,而是通过多媒体技术融合的新媒体,在媒体全面融合层面来看,传统媒体和新媒体之间的界限将会逐渐消失,最终二者将会殊途同归,汇总到一个庞大的数字网络平台之中,其将会不再受时间以及空间的限制,存储成本将会不断降低。

媒体融合的进程尚且漫长,尤其是媒体互动以及媒体整合这两个层次,二者并非承接关系,完全可以在同时间发生。就目前来看,媒体大融合虽然尚未来临,但是却能够挖掘出诸多苗头,需要明确的是,在媒体融合的大环境下,无论是传统媒体还是新媒体都应该更为关注内容以及服务,结合相关的政策内容来为受众群体呈现出更为优质的媒体内容,只有这样才能为媒体发展提供更为坚实的支撑①。

---

① 缪岚. 媒体融合的目标与实践的三个层面[J]. 记者观察,2019(09).

三、媒体融合的意义

(一)维护意识形态安全,践行网络强国战略

媒体融合是党中央巩固宣传思想文化阵地、壮大主流舆论的重大部署;是定国安邦、切实掌控意识形态主导权的国家战略;是服从服务于网络强国战略目标的现实选择。"媒体融合发展全面破题两年多来,云山、奇葆同志多次部署,要求将媒体融合发展作为提高主流媒体传播力、引导力、影响力、公信力的基础工程,作为维护意识形态安全的重大任务来抓[①]。"只有从这个高度来理解、研讨媒体融合才能找准正确方向。"如果我们仅仅讨论传统媒体怎么转型,媒介融合的格局就做小了。必须以世界的视野,在与世界先进国家的竞争与博弈态势中,在网络强国的国家战略背景之下,才能够真正领会媒介融合的重大现实意义[②]。"网络渗透、造谣中伤、网络煽动等对国际形象、国家命运构成威胁。当下,媒体人最缺的是战略思维。在新老媒体融合发展的战略背景下,许多台要么故步自封、等待观望,要么一味克隆、随意拍板,缺乏对媒体融合发展和新环境、新生态下新闻传播的规律性认识,缺乏清晰的战略规划,缺乏明确的战术方案。

(二)建构立体的现代传播体系

2014年8月18日,习近平总书记主持召开了中央全面深化改革领导小组第4次会议,会议审议通过了《关于推动

---

①蒋建国.加快推进传统媒体与新兴媒体融合发展[J].新闻战线,2016(09):3.
②方兴东.媒介融合与网络强国:互联网改变中国——2015《现代传播》年度对话[J].现代传播,2015(01):3.

传统媒体和新兴媒体融合发展的指导意见》，表明媒体融合已经上升为国家意志。融合传播具有快捷、广泛、丰富、平等、立体等特性。在融媒体平台，新闻传播增加沟通与互动，

传者与授者之间、交流与互动双方更为平等、更接近。传播内容与传播形式互补，能形成互为补充、更有集束传播效应的立体化传媒格局。只有建成立体的现代传播体系，才能取得互联网领域的舆论主导权，抢占意识形态新的主阵地。

近年来，许多电视台开始大量投资发展新媒体，中央电视台、湖南、上海、江苏、湖北等台正在竭尽全力走媒体融合发展之路。与此同时，也有不少台等待观望，不少人唉声叹气。有同行问，媒体融合是电视生存与发展的灵丹妙药吗？电视的重新崛起除了媒体融合无路可走了吗？只有坚定地走媒体融合之路，才能建构立体的现代传播体系，才能形成舆论引导新格局、新效能、新利益。

（三）拓展提升传播力、引导力、影响力和公信力

新兴媒体用户的激增、需求的变化促进了新兴媒体传播力、影响力的显著提升，迫使电视等传统媒体改进、创新传播与服务。媒体融合传播是强化舆论引导，着力传播正能量，提升传播力、引导力、影响力和公信力的必然要求。2013年8月19日，习近平总书记在全国宣传思想工作会议上强调，"宣传思想工作创新，重点要抓好理念创新、手段创新、基层工作创新"。"理念创新，就是要保持思想的敏锐性和开放度，打破传统媒体思维定式，努力以思想认识新飞跃打开工作新局面。手段创新，就是要积极探索有利于破解

工作难题的新举措新办法,特别是要适应社会信息化持续推进的新情况,加快传统媒体和新兴媒体融合发展,充分运用新技术新应用创新媒体传播方式,占领信息传播制高点[①]。"电视与新兴媒体融合发展是宣传思想工作创新的重要途径,是"占领信息传播制高点"的必然要求。因此,媒体融合是提高传播力、引导力、影响力、公信力的使命与担当。

(四)建构融合协同的战时机制

电视的生产传播运营机制虽经频道制、中心制等多次改革,但仍存在效率低下、人员繁多、指挥机构重叠等弊端。许多城市电视台新媒体业务的发展基本上是单兵作战、各自为政,经营主体过于分散,仍然沿用传统媒体的管理体制,与电视业务缺乏协同,没有形成有效的协同效应。

当下,正在进行的军队改革给我们许多重要的启示。重构要取得突破性进展就必须在优化规模结构、完善运行机制和管理制度方面的改革上取得重要成果,以建构具有本城市特色,能够打赢新闻战、营销战,有效履行使命担当,着力提升新闻生产传播营运效率的战时机制。

(五)探索人才集聚的机制

伴随着影响力、创收能力的下滑,城市电视台现存的人力资源工作和人才集聚机制的弊端,特别是人才绩效考核体系落后、激励机制不健全等问题暴露无遗。在媒体融合进程中,我们要竭力探索人才集聚的机制,广泛吸纳一专多能的优秀人才。

---

① 新华社.关于媒体融合,总书记这样说[EB/OL].(2016-02-20)[2023-02-06].https://news.xinhuanet.comlpolitics/2016-02/20 c_128736695.htm.

（六）创造新的产品与需求

在融媒体时代,在融合资源、资本、平台和渠道的基础上,媒体从业者必须研发生产适应多平台、多渠道推送与传播的融产品,创造并满足用户的新需求。

（七）探索、研究盈利新模式

电视与新兴媒体融合发展还要建构适应(移动)互联网和大数据时代的盈利模式。当下,绝大多数城市电视台仍然依赖于传统广告收入,即使有一些公司化运营,如房地产投资、文化产业园运作等,但真正盈利的项目并不多。融媒体环境下新的盈利模式亟待培育,怎样着力降低边际成本,不断提升综合效益是新课题。在新的融媒体生产传播格局下,我们要竭力优化资源配置,释放资源潜力,提升效率,节约成本,集约发展,提升自身的综合实力。

"融合与分离是事物发展的常态,所以,媒体融合与否会随着时间的发展而改变,分与合、聚与散,这是事物发展过程中的辩证统一[①]。"用全面的、发展的、辩证的思考方式从事媒体融合实践至关重要。媒体融合要坚持融中有分,分中有融,融合是大方向、大趋势,融合是针对多年来频道制、制片人制、项目制等不融不合、"军阀"割据、山头林立的修正,即使在实践中矫枉过正,也是没有办法的办法。

总之,加快推进媒体融合发展,是完善国家治理体系建设,掌握舆论主导权,提升舆论引导力,确保导向正确,确保意识形态安全的必然选择,是融媒体时代媒体管理和发展的战略举措。与此同时,我们还必须清醒地认识到媒体融合不仅是自上而下推动的行动与国家战略,更是一个自下

[①]刘珊,黄升民.解读中国式媒体融合[J].现代传播,2015(07):4.

而上由电视人和用户共同推动的自我生存与发展的必然要求。媒体融合一定要放在融合政治、经济、文化的大背景下去思考。媒体融合不是被动的驱使而应是主动的求变,不形成此共识,媒体融合将一事无成。

第二章 融媒体深度发展概述

第一节 融媒体深度发展的背景

事物不是孤立发展的,都需要外界的基础条件的配合。当前我国媒体融合发展,也要充分考虑我们所处的世情党情国情政情社情,顺应事物发展之"势",深刻认识外界的形势背景。

从国内外发展形势上看,当前世界正处于百年未有之大变局,我国正处在实现中华民族伟大复兴的关键时期。一方面,着眼世界,"一个相对较长的历史时期深刻影响人类历史发展方向和进程的世界大发展、大变化、大调整、大转折、大进步。"全球化进程百年之变,世界范围的商品大流通、贸易大繁荣、投资大便利、技术大发展、人员大流动、信息大传播不断深入发展,深刻影响着当今世界的发展模式、交往模式、思维模式和治理模式。世界经济格局百年之变,随着一大批新兴大国和发展中国家的快速崛起,延续几个世纪的"大西洋时代"已经演变为大西洋和太平洋"两洋并举并重"的时代。国际权力格局百年之变,伴随世界经济重心的逐步多元,国际力量对比更趋均衡的态势更加明显,多极化进程继续稳步向前推进,特别是亚非拉第三世界国家在实现政治独立,开始全面追求发展和复兴,在国际体系中的地位和影响力也在逐步提高。全球治理体系及治理规则百年之变,随着全球治理主体和议题更加多元,以及全球治理规则和理念加速演变,长期以来发达国家"治人",发展中国家"治于人"的全球治理格局也出现了新的变化趋向。人类文明及交往模式百年之变,一大批新兴国家开始成为知识、技术、信息的生产源和传播源,在方兴未艾的新技术、新产业革命中不断崭露头角,同时伴随中国特色社会主义的不断发展完善和一些转轨国家在制度上的不断探索,世界范围的思想、观念、制度、模式也呈现出日益多元的格局①。

另一方面,着眼国内,我们党领导的伟大斗争、伟大征程、伟大事业、伟大梦想正在如火如荼地进行,改革发展稳定任务艰巨繁重,我们面临着难得的历史机遇,也面临着一系列重大风险考验。中华民族伟大复兴,绝不是轻轻松松、敲锣打鼓就能实现的。当前和今后一个时期,我国发展进入各种风险挑战不断积累甚至集中显露的时期,面临的重大斗争不会少,经济、政治、文化、社会、生态文明建设以及国防和军队建设、港澳台工作、外交工作、党的建设等方面都有,而且越来越复杂。新时代改革开放具有许多新的内涵和特点,其中很重要的一点就是制度建设分量更重,改革更多面对的是深层次体制机制问题,对改革顶层设计的要求更高,对改革的系统性、整体性、协同性要求更强,相应地建章立制、构建体系的任务更重。新时代谋划全面深化改革,必须以坚持和完善中国特色社会主义制度、推进国家治

①罗建波.从全局高度理解和把握世界百年未有之大变局[N].学习时报,2019-6-7.

理体系和治理能力现代化为主轴,深刻把握我国发展要求和时代潮流,把制度建设和治理能力建设摆到更加突出的位置,继续深化各领域各方面体制机制改革,推动各方面制度更加成熟更加定型,推进国家治理体系和治理能力现代化。

党的十八大以来,以习近平同志为核心的党中央深刻把握时代发展大势和媒体发展规律,持续推进传统媒体和新兴媒体融合发展,不断加强主流媒体网络阵地建设。党的十九大提出,要高度重视传播手段建设和创新,提高新闻舆论传播力、引导力、影响力、公信力。加强互联网内容建设,建立网络综合治理体系,营造清朗的网络空间。党的十九届四中全会指出,要坚持马克思主义在意识形态领域指导地位的根本制度,建设和用好网络平台,构建网上网下一体的主流舆论格局,建立全媒体传播体系。党的十九届五中全会进一步指出,推进媒体深度融合,实施全媒体传播工程,做强新型主流媒体。推进融媒体发展,建立全媒体传播体系,做大做强主流舆论,关键是加快主流媒体进军网上的步伐。

2019年1月25日,中共中央政治局就全媒体时代和媒体融合发展举行第十二次集体学习。习近平总书记主持学习并发表重要讲话。他强调,"我们要立足形势发展,坚定不移推动媒体深度融合。"当前,世界正处于百年未有之大变局,我国正处在实现中华民族伟大复兴的关键时期,新的机遇和挑战并存。伴随着信息社会不断发展,新兴媒体影响越来越大。新闻客户端和各类社交媒体成为很多干部群众特别是年轻人的第一信息源,而且每个人都可以成为信息源。信息无处不在、无所不及、无人不用,全程媒体、全息媒体、全员媒体、全效媒体开始出现,导致舆论生态、媒体格局、传播方式发生深刻变化,新闻舆论工作面临新的挑战。传统媒体和新兴媒体深度融合发展,构建全媒体传播格局,就成为大势所趋,人心所向①。

从媒体融合发展的具体形势来看,包括互联网发展的新变化、新一代信息技术发展等内容。一方面,在互联网新变化新发展方面,第50次《中国互联网络发展状况统计报告》显示,截至2022年6月,我国网民规模为10.51亿,较2021年12月新增网民1919万,互联网普及率达74.4%,较2021年12月提升1.4个百分点;我国手机网民规模为10.47亿,较2021年12月新增手机网民1785万,网民中使用手机上网的比例为99.6%;网民的人均每周上网时长11为29.5个小时,较2021年12月提升1.0个小时;即时通信用户规模达10.27亿,较2021年12月增长2042万,占网民整体的97.7%;搜索引擎用户规模达8.21亿,较2021年12月减少737万,占网民整体的78.2%;网络新闻用户规模达7.88亿,较2021年12月增长1698万,占网民整体的75.0%;在线办公用户规模达4.61亿,较2021年12月下降818万,占网民整体的43.8%;网络支付用户规模达9.04亿,较2021年12月增长81万,占网民整体的86.0%;网络购物用户规模达8.41亿,较2021年12月下降153万,占网民整体的80.0%;网络视频用户规模为9.95亿,较2021年12月增长2017万,占网民整体的94.6%,其中,短视频用户规模为9.62亿,较2021年12月增

---

① 丁茂战. 新时代媒体深度融合理论和实践路径研究[M]. 北京:中国言实出版社,2021.

长2805万,占网民整体的91.5%①。

另一方面,在新一代信息技术发展方面。当前,新一代信息技术日新月异,新一轮科技革命和产业变革蓬勃推进,信息产业快速发展,对经济发展、社会进步、人民生活等方面产生重大而深远影响,极大地推动了各国社会生产力的发展和生产关系的重塑,显著地改变着政府、市场和社会的关系,使人类社会正在逼近新一轮变革的临界点。随着5G、大数据、云计算、物联网、人工智能等技术不断发展,移动媒体将进入加速发展新阶段。以人工智能为例,人工智能是引领新一轮科技革命和产业变革的战略性技术,具有溢出带动性很强的"头雁"效应。在移动互联网、大数据、超级计算、传感网、脑科学等新理论新技术的驱动下,人工智能加速发展,呈现出深度学习、跨界融合、人机协同、群智开放、自主操控等新特征,正在对经济社会发展的许多方面产生积极的促进作用。以区块链为例,区块链是分布式数据存储、点对点传输、共识机制、加密算法等计算机技术的新型应用模式。区块链技术的集成应用在新的技术革新和产业变革中起着重要作用。现在,相关技术应用已延伸到数字金融、物联网、智能制造、供应链管理、数字资产交易等多个领域。目前,全球主要国家都在加快布局区块链技术发展。在我国,在一系列的政策扶持下,区块链技术正迅速发展并与各行各业开始深度融合。

正是在国内外大势和媒体融合发展的具体形势的综合作用之下,移动互联网已经成为信息传播主渠道,移动媒

①中国互联网络信息中心.第50次《中国互联网络发展状况统计报告》[EB/OL].(2022-08-31)[2023-02-06].https://www.cnnic.net.cn/NMediaFile/2022/0926/MAIN1664183425619U2MS433V3V.pdf.

体、媒体智能化进入快速发展阶段,媒体技术迭代升级更快。传统媒体和新兴媒体深度融合发展,构建全媒体传播格局,就成为大势所趋,人心所向。这是一场不容回避的媒体发展革命,是不以人的意志为转移的大趋势,是适者生存、不适者被淘汰的大考验。在这场变革中,谁反应快、行动快,谁就能占据主动;谁犹豫不决、麻木不仁,谁就会被边缘化甚至愈发落后于时代。我们要因势而谋、应势而动、顺势而为,主动顺应事物发展之"势",深刻认识当前媒体融合的形势背景①。

第二节 融媒体深度发展的现状

因为在信息急速发展的背景下,传统的媒体已经无法跟上时代的脚步。所以就出现了纸质媒体会消失的观点,然而事实也并非如此,利与弊总是互相依存的,传统媒体目前面临的就是要与时代同步,与科技融合,这样才能扭转目前发展受限制的局面。十年前,我国有很多的传统媒体与现代技术相结合,特别是在官方发言中,我们可以发现"媒介融合"这一专有名词和新兴名词多次被提及到。在五年前,"媒介融合"更是成为了国家的发展战略布局中的一项内容,由此我国也开始步入到媒体合作协同的行列中。在今天,我们已经将"媒介融合"看作是传统媒体正在进行和以后也将会延续的改革之路。然而这其中的问题也不可忽

---

①丁茂战.新时代媒体深度融合理论和实践路径研究[M].北京:中国言实出版社,2021.

视,例如目前的相关发展仅仅只是刚开始,其目的在很大程度上是占据市场,扩展销售通道①。很多传统媒体在实际的操作中都是在各大网站和App上进行宣传,但是没有任何创新的地方,也得不到更多观众的认可,仅仅是把传统媒体的内容原封不动地搬到新媒体平台上,借着媒体融合的名声实际做着机械化毫无意义的工作,带来的只能是金钱投入的白白浪费和人力资源的毫无回报②。从中我们也能发现这样的方式根本就是毫无效果和意义的。从实际意义来说,传统媒体必须要做的就是将现有的资源进行革新包装,焕发出更加高质量的新闻,将传统媒体的价值和意义发挥到最大程度,这样才会得到更多人的认可,也会获得更多的粉丝关注,从而能够占据市场的主动权。在传统媒体和新兴媒体进行协同发展时,代表传统媒体真实能力的往往是非常优秀的内容,也能够让更多的观众感受到传统媒体在社会发挥的重大价值与意义,其中的深度报道则能够代表媒体的最优秀内容,在具体融合的发展中,我国传统的纸质报道也搭着"顺风车"急速发展,获得了更加广阔的生存空间,进而达到转型的目的,这也为相关领域的研究提供了更多的可能性。

经过一段时间的发展,已经越过了央媒的试水期,和省内媒体的探索期,现如今已经形成了一种自上而下,从中央到地方不断地推进的特点,通过不断地相加和融合的实验,已经逐渐地稳定了脚步,现在已经到了加速发展的阶段,在

①侯小杏,张茂伟.微博在教学应用中的传播模式研究[J].琼州学院学报,2011(04).
②张晶晶.新媒体时代深度报道的发展策略研究[J].传播力研究,2019,3(36):72.

加速发展的阶段中,要做到的是融合创新,要深入推动,对于体制来讲是进入到了深水期,要实现用户市场纵深到市县等。习近平总书记在2018年的8月全国的宣传思想会议上有提出了对于媒体中心建设的相关指示,他提出对于媒体来讲要做到"扎实抓好县级融媒体中心建设,更好引导群众、服务群众",因此揭开了县级媒体中心建设的序幕;为了能够更好地服务于群众,随后又出台了《关于加强县级融媒体中心建设的意见》,为县级媒体中心建设提供了方向,而《县级融媒体中心建设规范》《县级融媒体中心省级技术平台规范要求》《县级融媒体中心网络安全规范》《县级融媒体中心运行维护规范》《县级融媒体中心监测监管规范》等一系列的相关的文件,又对于县级媒体发展体系和技术等方面也给出了规范。对于县级媒体中心发展和建设来讲就是媒体融合的深入,可以说是媒体融合的"最后一公里",对于全面构建现代化传播体系来讲起到了非常重要的作用。除此之外,在体制机制上为了能够让媒体深入融合,国务院在体制改革中也提出了要对于国家广播电视总局重新组建,原有的主管部门将继续推动传统媒体方面的改革工作,而各级媒体融合的方向和路径要进行规划和指导;对于中央宣传部、国家新闻出版署、国家出版局、国家电影,要重新整合,完成三台之间的深度融合,实现资源的互享,优势互补,要实现"1+1+1>3"的"化学反应";在融合产品的内容上,首次在28届的新闻评奖上设立了媒体融合奖,从而让新闻和各级媒体能够重视媒体融合,能够激发媒体创新的兴趣,主流媒体采用了建立传播矩阵从而扩大影响力的方式,通过数据监测,在传统媒体报纸、广播以及电视等传播矩阵中覆盖率都达到了90%以上①;在平台的打造上,除了电台之间融合之外,还有很多新鲜的血液的注入,例如在电台的融合上,中央电视台、中央人民广播电台、中国国际广播电台三台融合,统一称为中央广播电视总台,对于省级以及市级将新成立一批媒体平台,例如甘肃新媒体集团,同时《人民日报》客户端也成立了新的移动媒体聚合平台,全国党媒信息公共平台中也驻入了很多媒体中心,逐渐形成了服务、新闻、政务于一身的大媒体平台,为智慧城市的建设起到了非常重要的作用;在技术上,5G技术的发展逐渐地成熟和普及,同时AI技术的发展,人工智能技术的提高也为新闻传播起到了非常重要的作用,对于新闻这种交互媒体来讲,最重要的就是提高用户的体验,增加用户的黏性,而新的科技为这些都提供了便利,高效智能的全媒体时代正在向我们靠近②。

第三节　融媒体深度发展的形势——从相"加"到相"融"

一、因势而谋——媒体融合打造新型主流媒体

随着信息技术的发展,网民规模持续扩大,移动用户持续增长,为媒介传播催生了庞大多样的内容需求市场。

2014年,中央审议通过了《关于推动传统媒体和新兴媒

---

①付加利.“身处”微博时代[J]. 新闻传播,2011(10).
②木斯达帕•艾依沙. 媒体融合时代电视深度报道的发展趋势研究[D]. 乌鲁木齐:新疆大学,2020.

体融合发展的指导意见》，媒体迎来了一次前所未有的变革。"全程媒体、全息媒体、全员媒体、全效媒体"相继出现，突破时空的全媒体变革让"信息无处不在、无所不及、无人不用"①。

面对全媒体时代的广阔空间，如何利用技术革命加快传统媒体和新兴媒体融合，如何让党的声音更好地"飞入寻常百姓家"，成了摆在各新闻单位面前的紧迫课题。

2016年2月19日，党的新闻舆论工作座谈会明确了做好新闻舆论工作的重要意义和未来目标。打造一批新型主流媒体，成为党的新闻舆论工作的重中之重。而媒介从相"加"阶段迈向相"融"阶段，正是适应时代需求打造新型主流媒体的重要手段。

回顾媒介相"加"到媒介相"融"的历程，从报网融合到"中央厨房"建设，从"视频、H5、VR全景"生产到微动漫等新闻发布，从移动传播新媒体矩阵到县级融媒体中心，从"现场云"新闻在线生产系统到4K超高清频道5G创新平台……各种融媒体产品百花齐放，各种融合模式探索竞相亮相。对全媒体传播力、引导力、影响力、公信力的向往，让媒体融合八仙过海各显神通，也大大丰富了媒介产品的供给。

从相"加"到相"融"，媒体形态由增量发展迈向初步融合，由初步融合迈向深度融合。国内大多数媒体实现了新闻内容的一次性采集、多媒体呈现、多渠道发布。新闻生产的流程更加优化了，这让各种媒体资源、生产要素有效整合，也让新闻信息、技术设备、平台终端整合共融。整合后

---

① 黄小希，史竞男，王琦. 守正创新有"融"乃强——党的十八大以来媒体融合发展成就综述[N]. 新华社，2019-1-26.

的各种资源形成了"1+1＞2"的融通裂变效应，一批具有强大影响力、竞争力的新型主流媒体加速发展。

在2019年1月25日举行的中共中央政治局第十二次集体学习上，推动媒体融合向纵深发展的口号正式提出。智能化技术被引入到了内容生产的流水线上，互联网+、大数据等信息技术引领媒体机构正开启媒体机构的供给侧改革。

二、应势而动——从相"加"到相"融"升级嬗变

信息技术为媒介相"加"到媒介相"融"的升级嬗变提供了重要支撑，但纵观全媒体变革历程，技术革新并不是传统媒体重生的强心针。

2017年1月1日，《京华时报》因亏损严重宣布休刊。《京华时报》曾经凭借绝佳发行量占据着北京早报市场绝大部分市场份额。2012年5月17日，《京华时报》正式推出"云报纸"，这是国内第一家将图像识别技术与纸媒相结合的技术尝试，彻底颠覆了纸媒的展现形式、传播方式及运营模式。在新的传播方式尚需大量资金投入时，传统纸媒发行量和广告收入持续下滑，也牵制了新传播方式的发展。信息技术并没有改写《京华时报》的命运[①]。

新闻从"线下"搬到"线上"，虽然找到了新型、便捷、快速的传播渠道，但却避免不了新闻同质、硬件浪费以及盲目建设。新闻搬到"线上"，投入与产出的差异势必影响媒体长远发展。所以，从媒介相"加"到媒介相"融"，并不是透过技术支撑简单地将内容从"线下"搬到"线上"，内容上的"简

---

①孙振虎，刘艾京. 媒介融合：从技术相加到内容相融[J]. 东南传播，2017(05).

单叠加""平台转换""渠道位移"并不能真正发挥互联网思维改造传统媒体的能力。

有学者认为,微博、客户端、微信公众号等几乎成了每个节目的"标配",但这种社交媒体、客户端式的融合实际上只是内容上的"简单叠加""平台转换""渠道位移"[①]。事实上,不少传统媒体转型都只盲目追求技术,忽略了媒介相融后"1+1＞2"的整合裂变应用。简单技术层面上的相加,并不是"互联网+"下的全媒体变革,仅是"媒介资源+互联网"。这也是为何国内的媒介融合实践大多以失败告终的原因,单纯的平台搬运并不能改变·个走下坡路的传统媒休行业的命运[②]。

相较失败案例,中央媒体的守正创新为媒介相"加"升级到媒介相"融"树立了典型。

按照个性化生产、可视化呈现、智能化推送、互动化传播的思路,新华社针对不同用户的不同需求,推出了短视频、微动漫、动新闻等大批微传播、轻量化产品,"快笔小新"机器人写稿系统、人工智能平台"媒体大脑"、AI合成主播、媒体创意工场等已经引领网络信息技术前沿;中央广播电视总台自成立以来,按照"台网并重、先网后台"的思路,"三台三网"融合,建立了总台新媒体"一键触发"机制,实现了"1+1+1>3"的传播效果;央视网"数据中台"的数据采集分析体系,实现了对央视网多终端覆盖情况及传播效果进行全

①魏岳江.媒介融合为何出现内容"融"而不"合"[J].新闻研究导刊,2015(08).
②欧阳日辉.从"+互联网"到"互联网+"——技术革命如何孕育新型经济社会形态[J].人民论坛,2015
(05).

流量监测、评估、分析,每天用户访问记录已经超过 100
亿条①。

　　从媒介相"加"到媒介相"融"的典型案例可以看出,网
络信息技术支撑、体制机制创新、数据采集分析是中央媒体
相"加"变相"融"的宝贵经验。网络技术支撑是手段,体制
机制创新是基础,数据采集分析是方法。有了网络技术支
撑,通过内部体制机制的改革创新才能让媒介相"加"落到
实处,借用网络技术平台建设实现数据采集分析进而生产
出形式多样的媒体产品,才能让媒介相"融"成为可能。

三、顺势而为——用"互联网+"开启智慧传播

　　全媒体时代,"互联网+"正以前所未有的智能化操作改
造着传统媒体的新闻生产方式。从媒介相"加"到媒介相
"融",海量新闻信息汇聚于一体。如何生产出个性化、智能
化、互动化、多元化的融媒体产品,从而达到"大珠小珠落玉
盘"的效果?

　　从国内媒体变革的经验来看,用互联网思维改造传统
媒体生产方式,通过内容的"一次采集",利用技术支撑实现
"多次生成""多元发布",进而满足多个不同需求终端的信
息需求,这是从媒介相"加"升级到媒介相"融"的方法。在
这一过程中,传统媒体应发挥报道深度广度优势,突出深度
观点、核心信息和最新表达,提升阅读体验感,最终实现传
统媒体和新媒体内容互通、优势互补。

　　需要注意的是,互联网思维背后的数据分析将大大提
高内容传播质量。从当下全媒体变革的现状来看,大数据

---

① 黄小希,史竞男,王琦. 守正创新有"融"乃强——党的十八大以来媒
体融合发展成就综述[N]. 新华社,2019-1-26.

分析反哺内容生产的效应尚需要一定时间的探索。大数据应用是全媒体时代又一创新成果。大数据分析可以帮助媒体机构掌握受众喜好、传播效果,传播将更精准有效。大数据能让新闻传播更有力更深入,媒体人可以腾出更多精力关注新闻资源的走向,促进新闻资源向基层拓展、向楼宇延伸、向群众靠近。通过大数据分析生产大数据新闻,开启精准化传播、个性化传播甚至私人定制传播,这将是下一阶段媒介相"融"的全新课题。

四、与时俱进——用全媒体思维打造智能生产团队

媒介从相"加"到相"融",为媒体供给侧改革带来了前所未有的机遇。在这场变革中,敢于率先自我革命的媒体势必走在全媒体变革阵营前列,融合后的全媒体矩阵壮大了主流舆论阵地,内容创新让好故事、好声音多元传播。如何与时俱进打造适应全媒体变革的内容生产团队,也成了摆在各个媒体面前的首要难题。

内容采集、智能生产、多渠道传播、数据应用成为媒介融合必备的几个要素。正是这些要素,才决定了媒介从相"加"到相"融"的升级嬗变。集约内容采集队伍,依靠智能技术生产,通过多个渠道传播,大数据分析服务内容生产,才能顺利从相"加"升级到相"融"。

分析媒介融合必备的几个要素可以看出,内容采集、智能生产、多渠道传播、数据应用分别需要不同的专业技术人员。内容采集方面,需要能够完成报、网、台、新媒体新闻采集的全媒体记者,这就需要传统媒体记者在熟悉原有采编

技能的基础上,学习掌握新的采编技能,成为集文字采写编辑、视频拍摄剪辑、图片拍摄处理于一身的全媒体记者。在智能生产方面,国内各大媒体建设的"中央厨房"就是智能生产的车间,这需要传统媒体编辑在记者提供的海量图片、文字、视频信息中,根据各传播平台的定位制作出多元化媒介产品,图片、文字、视频的叠加碰撞才能形成"1+1＞2"的传播效应。多渠道传播和数据应用,对全媒体变革提出了新的人才需求。新媒体运营中心的编辑、网络技术人员,以及新闻数据分析人员,单纯从传统记者编辑队伍中挖掘尚不能满足需求。这就需要招聘、培养、吸纳新媒体编辑、网络技术人员以及新闻数据分析人员。这些岗位将是推动全媒体变革的重要力量。与此配套的经营管理人才也要及时补充,方能满足运营需要。

有了媒介智能生产团队,还要建立促进全媒体变革的奖惩机制。首席记者、首席编辑、首席播音员、首席主持人等人才机制创新已经在诸多全媒体变革中得到广泛应用。鼓励"内容创优、移动优先",鼓励个性化生产,鼓励全媒体联动,因地制宜创新奖惩机制方能提高团队工作积极性,进而推进全媒体变革[1]。

---

①陈玲.从相"加"到相"融"——新型主流媒体的升级嬗变思考[J].新闻世界,2019(06).

第四节 基于深度"联结"的媒体融合三种基础逻辑

鉴于我国当前传媒业发展的现状,本节认为技术、市场与政治是影响我国媒体融合的三重逻辑,如果要理解我国传媒融合的特点和未来走向必须要明确这三重逻辑的内涵和关系。特别是对政治逻辑主导作用的理解,将直接指向我国传媒体制的本质。

一、媒体融合的三重逻辑

"逻辑不是关于思维的外在形式的学说,而是……关于世界的全部具体内容的以及对它的认识的发展规律的学说,即对世界的认识的历史的总计、总和、结论。"[①]技术、市场与政治的逻辑是人类社会发展过程中自然形成、同时被不断修正并被选择性利用的内在规范。它们对于世界各国传媒业的发展及其融合都有影响,只是在特定国家和特定发展阶段的表现形式不同而已。因此,了解这些逻辑对我国传媒融合的影响,必须首先了解这些逻辑的基本内容。

(一)技术逻辑

一般来讲是指技术依据其自然属性而产生的对社会生活的广泛影响。技术逻辑内含着"技术决定论"的意思,即认为技术是独立于社会其他因素的客观存在的社会力量。在媒介研究领域,爱森斯坦、英尼斯和麦克卢汉等人就发展出了"媒介中心论"或"传播技术决定论",认为"任何传播技

---

①列宁:列宁全集:第55卷[M].北京:人民出版社,1990:77.

术的历史,结果都能够激励发明的步伐与物质方面的潜力,而一些理论则倾向于认定明显的历史阶段"[①]。除此之外,技术逻辑更为深刻的影响还在于改变了人类社会的生存方式和竞争规则。对于当前我国传媒业的发展现状来说,这一点非常明显。在某种程度上,新媒体的竞争优势在于新技术对旧技术的优势,新的技术规范会改变信息的传播方式和交易方式,会使所有基于前一代技术的市场过时。技术逻辑正是以这种方式重组了传媒市场秩序,并对社会生活产生了广泛的影响。

技术融合延伸并扩展了它的逻辑内涵。必须明确的是,技术融合并不是基于外力的融合,而是基于技术本身特点的融合,因此是一种自发自为式的自然发展逻辑。对于媒体的技术融合而言,它的逻辑内涵发生了某种变化,即凸显了自由主义式的意识形态。当前,这种具有自由倾向的意识形态正潜移默化地渗入人的思维方式、生活方式和工作方式,从而对传统媒介及由它们建构的传播秩序形成挑战。随着技术硬件与软件的快速普及,这种挑战终于引发了传统媒体的转型和重组。

(二)市场逻辑

市场逻辑是人们依据市场供求关系进行自由交换的社会资源配置方式。市场逻辑是现代社会进行资源分配的普适性规则。具体来说就是,它的产生和存在是社会发展的客观规律,是在伴随着生产力的进步出现剩余产品、劳动分工和商品交换等社会因素的基础上自然产生的资源配置方

式。另外,市场逻辑存在于市场交换之中,是产品和服务的自愿交换。其本质既是对物的所有权的交易,也是人的权利的自由交易。同时,这种交易又必须是在特定的制度框架下来完成的。对于传媒市场而言,它的市场逻辑有一定的特殊性,它运营于"双元产品市场",即传媒一方面通过售卖信息来获取相关收听、收视或订阅费用;另一方面通过相关的广告机构,将它的受众资源以商品的形式卖给广告主,以获取广告费用。

市场融合体现了丰富的逻辑内涵。进入新世纪以来,互联网经济的快速发展引发了市场融合规范的革命性变化。对于一般的市场行为来说,最明显的变化是交易平台的融合、流通渠道的融合和服务体系的融合。对于媒体产业来说,也具有类似的特征。由于技术直接打通了不同类型媒体间的传统壁垒,因而加速了彼此之间的融合发展。例如,数字电视的出现就推动了广电产业和电信产业的融合发展。另外,在技术经济的推动下,媒体产业的资本流动速度加快,传媒组织资本结构日益多元化,因此组织间融合的效率和规模也不断提高。对于我国传媒业的市场融合发展,当前最鲜明的特点还是新媒体内部融合的市场化程度、规范化程度和国际化程度日益加深。这直接刺激了传统媒体对自身体制和组织结构的改革,并因此推动了传统媒体和新媒体在市场融合方面的进展。

(三)政治逻辑

主要是指人们依据政治因素支配社会生活。按照政治理论来讲,它是"指参与公共生活的个人、团体或组织为实现既定的目标,通过支配、影响、获取和运用公共权力,而作出公共决策以及分配社会价值或利益的过程"①,它是人类社会进行资源分配的根本原则,具有最高和最终的决定权。在历史上,从古希腊亚里士多德时代就有"人天生是政治动物"这样的说法,即表明人和人所创造的社会组织很早就处在政治关系之中,并受政治逻辑的支配。政治逻辑的核心要素是政治权力,它是以国家为载体通过政府来行使的最高的、唯一的并具有强制性的社会权力。政治逻辑的指向是为了公共目的,即为了合理分配社会资源或社会价值,以维系公共利益和共同体的生存与发展。在现代社会,以生产和传播信息资源为目的的媒介组织被认为是具有公共属性的社会组织,因此,它一诞生就受到政治逻辑的影响甚至就被政治权力所严密控制。

　　对于媒体融合而言,政治逻辑的内涵具有特殊的含义。在价值指向层面,针对传媒的融合逻辑与传媒的政治自由并不矛盾。融合并不是对传媒权力的整顿、管制,而是基于公共利益的功能性融合;在制度设计层面,功能性融合是指传媒组织被合理地安置在特定政治体系当中,以有利于发挥它的信息生产与传播功能。例如,尽管西方国家政治制度相同,但传媒在其中的组织形式却千差万别。英国可以有BBC这样的公共媒介,但美国却没有。欧洲大陆国家保留了媒体津贴制度,但英美国家却认为这有违新闻自由而坚决制止。这表明,功能性融合不同于价值融合,它不强调一致性,而注重符合本国特点的制度设计;在制度规范层面,融合逻辑强调宪法和法律的规范意义。由于政治逻辑

---

①陈振明,陈炳辉.政治学——概念、理论和方法[M].北京:中国社会科学出版社,2004:6.

是围绕权力运行的具有强制性的行为逻辑,因此,如果没有独立的法律机构和法律规范的制衡,政治融合将很容易滑向政治控制,使得传媒完全服务于特定群体的政治利益,而不是公共利益。因此,在现代民主国家,在政府、传媒之间还应有法律机构作为第三方力量予以平衡。

二、媒体融合中三重逻辑之间的相互关系

从宏观理论视角来看,技术、市场与政治逻辑是影响传媒业融合的普遍性逻辑,它们既有各自的运行规则,也会以不同的组合方式在不同的历史阶段相互影响,以形成不同的传媒融合过程和结果。

发端于西方的媒体融合历史表明,技术逻辑是引起社会信息秩序变化的触发因素,市场逻辑与政治逻辑则共同构成了对信息资源进行分配的社会制度。首先,在三者的关系中,传媒技术产生的是信息资源和传媒组织,而市场与政治逻辑本身是一种资源配置方式。因此,当前者促进了传统媒介秩序的变化时,后者就会随之产生变动,或以市场逻辑自发地进行自我调整,或以政治逻辑主动地重新对信息资源进行再次分配,再或者两者兼而有之。从这个角度讲,技术可以被看作是自变量,市场和政治则是因变量,它们是既有区别又相互关联的两种逻辑。其次,从传媒业的变迁过程来看,三者的关系是从冲突到平衡,再由平衡到冲突的彼此往复的变迁过程。冲突的程度和恢复的速度取决于市场与政治逻辑两种资源配置手段的协调程度。以中西方传媒业的变迁过程为例,经过数百年的发展,西方国家已经形成了成熟的市场与政治关系,因此可以很快地平衡由于新媒体技术而产生的媒介秩序紊乱。而对于发展中国

家,由于未能形成这种成熟关系,因此它的平衡能力就相对弱一些。近些年来,西亚北非地区的社会动荡都有社交媒体的推波助澜,而造成这种局面的主要原因就在于这些国家的政治和市场发展不成熟,不能有效地将新媒体纳入自己的管控体系。最后,虽然技术、市场与政治的关系模式多种多样,但都受到西方模式的深刻影响。这一方面是由于西方模式已经是一种成熟的社会运行机制,另一方面是由于基本上所有的国家都采用了以市场逻辑为主导的资源配置方式。这种方式必然导向相似的或一致的结果。正如我国学者所认为的,我国20世纪90年代新闻传媒的集团化在某种程度上可以说是从自由竞争走向垄断竞争的必然结果。

在我国媒体融合发展的过程中,政治逻辑是主导性因素,但技术与市场的结合正对传统的体制构成潜在的挑战。总体上来说,目前三者之间的关系有这样一些特点:首先,与西方国家的市场逻辑主导模式相比,我国始终坚持政治逻辑主导模式,即在价值上注重意识形态安全和舆论引导;在组织上坚持党管媒体,"主要领导任命权、重大事项决策权、重要资源配置权、新闻宣传终审权全部集中在党政部门领导"[①];在职能上坚持"事业性质,企业运作",整体上偏向非营利机构性质,始终保障党报等主流媒体的生存空间,既在经济上予以支持,也在政策上加以维护;在管理上体现行政化色彩,在纵向上受不同的媒介管理部门垂直领导,在横向上接受地区党委和政府领导,是条块分割式的行政结构,因此我国的传媒集团基本上是单一属性的区域性传媒组织。

---

① 李良荣. 从单元走向多元——中国传媒业的结构调整和结构转型 [J]. 新闻大学,2006(2).

其次，市场逻辑在其他因素的影响下仅发挥有限作用。政治逻辑是强调政治权力强制性的资源配置方式，而市场逻辑是强调竞争自由的资源配置方式，它们都有合理性，但同样也具有"失灵"的可能性。从经济史来看，某种方式的影响较大时，都会压制另一种方式的作用空间。在我国，正是由于政治逻辑的影响，导致了传媒的市场化发育不足，竞争力始终不强。最集中的体现是，在传媒业的行政结构控制下，传媒融合很难实现跨媒体、跨行业、跨区域发展。而在传媒集团的内部管理机制上，虽然制定了企业化运作的目标，但"并没有真正企业化，保留了浓厚的机关管理色彩，造成了人才、资源浪费、效率低下等一系列问题"①。近些年来，沿海一些发达地区的传媒集团发展状况较好，一是由于封闭市场环境下的垄断性竞争优势，二是具有个人色彩。因此并不具有全局性意义。无论是业界还是理论界都认为传媒产业的发展还需要向外部打通资本市场的平台，在内部则要彻底改造传统党报事业单位企业化管理的传统模式，彻底按照现代企业机制来重塑企业的微观运行机制。

最后，技术逻辑对传统的媒体秩序提出挑战，政治主导格局需要作出主动调整。新媒体对于传媒产业最直接的影响是传统报业的急剧衰落。对于这种衰落现象，西方国家通常会将它看作是市场逻辑的体现，报企关闭或被收购都是一种平常的市场行为。但在我国，报业竞争力的下降却牵涉到市场与政治两种逻辑的反应。在市场层面，新媒体开始打破传统媒体发展的行业壁垒、媒介壁垒和区域壁垒，成为一种集合多种媒体特征的跨区域媒体。这无疑拓展了

---

①戴玉庆. 报业集团呼唤改革[J]. 中国记者,2006(2).

传媒业发展的市场化疆域,客观上也影响到市场逻辑与政治逻辑之间的力量对比。在这样的市场格局中,以非国有资本为主的新媒体逐步对以国有资本为主的传统媒体构成威胁,直接影响到党报集团的生存。如果继续以市场逻辑来调节现有的媒介资源,传统媒体的竞争力就很难保障党报等主流媒体的生存空间,而这会影响到国家的意识形态安全。所以,在当前的环境中,强化政治逻辑的作用成为必然的选择。毕竟对于我国的传媒体系而言,报业的重点还是意识形态,意识形态工作需要体制、机制、资金、人才等条件作保障。

三、媒体融合中的逻辑走向

2014年4月,中央宣传部部长刘奇葆在《加快推动传统媒体和新兴媒体融合发展》一文中重申了媒体融合中所要坚持的政策,即"推动媒体融合发展,要始终坚持党管媒体原则,坚持团结稳定鼓劲、正面宣传为主方针,把正确导向贯穿到融合发展的各环节、全过程,使融合后的媒体继续成为主流媒体,不断巩固壮大主流思想舆论"[①]。这表明在当前和以后相当长的一段时期内,影响我国媒体融合的首要因素还是政治逻辑,它将继续处在主导性地位。相应的,我国媒体融合的效果如何和它的未来走向也和政治逻辑直接相关。那么,在此前提下该如何处理政治逻辑与技术逻辑、市场逻辑之间的关系呢?

第一,媒体融合需要在体制上协调政治逻辑与市场逻辑的相互关系。对于如何处理在信息资源配置中政治逻辑

---

①刘奇葆.加快推动传统媒体和新兴媒体融合发展[N].人民日报,2014-8-2.

与市场逻辑的相互兼容问题、"事业单位、企业运行"在现实中如何应对市场化和专业化程度更高的新媒体挑战问题，有学者通过考察我国报业集团发展十七年来的经验教训认为，必须从体制层面解决这两种矛盾。特别是要"针对'事业单位、企业化管理'这一既存体制的不合理之处进行改造，按照事业与产业分类管理的基本原则设计集团化过程汇总各类媒体的分工与使命，让事业单位成为远离市场纷扰的公共传播服务提供者，让产业单位依托外部经理人市场的绩效监督机制投身于市场效率之中"①。在此基础上还要着手改革束缚媒体发展的宏观政策，例如按照市场规则打破媒体融合的媒体界限、行业界限和区域界限。彻底改变传统的行政化管理结构，使媒体能够获得更多的自主权，从而使媒体融合获得制度层面的根本保障。

第二，媒体融合中要注意技术逻辑和政治逻辑的良性互动。在媒体融合问题上，习近平总书记指出，"推动传统媒体和新兴媒体融合发展，要遵循新闻传播规律和新兴媒体发展规律，强化互联网思维，坚持传统媒体和新兴媒体优势互补、一体发展"②。"互联网思维"即技术逻辑在思维领域的表现形式。从表面上看，它和政治逻辑及当前所施行的融合政策并无直接冲突，但实际来讲，媒体融合发展最重要的是要应用"互联网思维"，互联网强调的是平等对话、强强联合。而传统媒体带有一定的政治属性，强调的是主导性。

---

① 朱春阳，谢晨静. 传媒业集团化17年：问题反思与发展方向——以上海报业集团组建为基点的讨论[J]. 新闻记者，2013(12).
② 习近平. 推动媒体融合发展要遵循新闻传播规律[EB/OL]. (2014-08-18)[2023-02-06]. https://media.people.com.cn/n/2014/0819/c192372-25496087.htm.

因此,两种媒体要实现融合发展,就必须重视传统媒体互联网思维的培养,主动适应其中的技术逻辑规范,取长补短。特别是传统媒体在技术上要加大科研力度和应用水平,强化服务受众意识,及时了解新媒体环境下受众思维方式和行为习惯的改变。面对网络舆论泛化、自由化和民粹化的特点,不能采用传统的围堵方式,而要合理利用网络媒体特点及时疏导,并以规范行政和法治的方式予以保障。从这个角度来讲,媒体融合中的技术逻辑与政治逻辑会形成某种良性互动,技术会推动政治的民主化和法治化,而这又会反过来保障技术逻辑在媒体融合中的实际效用。

第三,媒体融合要契合当前新的媒体市场竞争规则,优化政治逻辑主导的具体方式,逐渐适应并突出市场的作用。我国媒体融合战略成功与否取决于技术、市场与政治逻辑的协调发展,而最终的效果如何取决于政治逻辑在其中的角色与介入方式。当前我国所推行的媒体融合是20世纪90年代媒体集团化以来政治主导的第二次大规模的传媒体制改革。如果说前次改革是政治——市场逻辑的共同作用,那么此次改革则加入了技术逻辑的因素。虽然如此,政治逻辑依旧是媒体改革成功与否的关键。因为我国对于媒体性质的定位与国家根本的政治制度、政党制度紧密相连。媒体改革不仅是技术与市场关系的调整,更重要的是会涉及到党和国家的整体发展状况。在这种前提下,我国的媒体融合就自然地上升到了国家体制改革的层面[1]。目前,我国已经确定全面深化改革的重点是经济体制改革,核心是处理好政府和市场的关系,使市场在资源配置中起决定性

---

[1]管淑娟. 论网络背景下报纸的突围[J]. 河南社会科学,2013(10).

作用和更好发挥政府作用。具体来说就是,媒体融合要契合当前新的媒体市场竞争规则,逐渐适应并突出市场的决定性作用。政治逻辑传统的主导方式则需要进一步优化,即在管理体制上,从单一的政府管理向多元的社会治理转变;在舆论引导上从过去单向的宣传模式,向现代双向的沟通模式转变;在监管机制上,从过去的行政处罚向现代的法治监督转变。总之,只有通过政治逻辑的主动调整,我国的媒体融合才有可能取得相应的效果①。

第五节 新时代推动融媒体深度发展的主要维度

在媒体融合向纵深推进的过程中,媒体融合的技术维度、产业维度、文化维度相互交织、相互联系、相互促进,呈现了媒体融合全景。技术创新对媒体产业融合、媒体文化融合具有推动作用,这种推动具有内在性,并不是完全外在地强加的力量,技术创新由此带来产业边界的消融,使得不同产业、不同文化在统一的技术平台上实现融合。文化融合是媒体融合更深层次的动力,媒体深度融合需要文化支撑,并最终实现"以文化人"的效果。

一、媒体融合的技术维度

技术融合是媒体融合的最初样态。在媒介发展史中,技术革新是推动新媒体产生和发展的关键。在云计算、大数据

---

①郝建国. 媒体融合的三重逻辑及其走向——以上海报业集团的组建实践为例[J]. 理论探索,2014(06):92-96.

迅猛发展的时代背景下媒体融合也飞速发展并向纵深推进，互联网技术逐渐呈现为平台化、移动化和智能化的趋势。传统媒体与技术的融合实质是传统媒体与互联网技术的融合，因此树立互联网思维是媒体技术融合持续推进的重要支撑。

（一）技术融合打破了媒体从业者与受众的时空关系

媒体融合不是简单依赖于新技术手段的堆积拼凑，而是需要媒体从业者深刻认识媒体融合的规律，提高互联网思维能力。传统媒体的生产过程是线性的、封闭的、垄断的，从采、编、发都是闭合的生产线。传统媒体的生产模式决定了其具有集权性、封闭性、专业性等特点。"发布—接收"是传统媒体内容生产者与受众之间的关系模式，这种关系是单向的，非互动式的。而技术融合打破了媒体从业者与受众的时空关系，形成了一种新型的主客体关系。传播主体不再仅限于专业的媒体从业人员，主体去中心化后变得多元，随着自媒体的兴起，更是颠覆了传统媒体传播生态，使得传播更具有广泛性、迅捷性、即时性、互动性。

（二）技术融合的新趋势

近年来，随着大数据技术的发展，媒体融合向纵深发展，其技术形态更加多样化，其技术融合的目标也更加清晰，不仅在内容质量方面有所提升，更在用户体验方面投入更多关注。技术融合一方面有利于内容质量的提升，另一方面对技术公司也提出了更高要求，技术发展与媒体发展呈现出互相促进的趋势。大数据、智能化、移动化成为技术发展的新趋势，这些新技术实现了对媒体的内容、渠道、终端三方面的全方位融合。在国际上，美国的《纽约时报》《华盛顿邮报》大量采用了数据技术,组建数据分析团队,自主开发数据工具。这些媒体实践在国际国内都引起了聚合效应。随着人工智能的广泛运用,技术供应商、社交媒体平台等在媒体融合中越来越占主导地位。技术对优化内容起到了促进作用,能够对受众需求进行分析,从而更快更有针对性地进行传播,技术在引领内容创新方面起了重要作用。

(三)技术融合的策略选择

"融合发展需要流程再造、结构调整、用户关系重构,善用资本力量四轮驱动。[①]"媒体融合需要技术融合更需要顶层设计。随着技术融合的逐渐深入,内容制作主体呈现出多元化的特点。内容不仅来源于以传统媒体为主的专业媒体,还有非专业的用户比如自媒体等。目前,主体的多元、信息内容的增多并没有显著提高内容质量——低端内容充斥媒体市场,高质量的内容生产不足。由于移动终端的广泛兴起,低质量的内容无处不在,在传播空间上与高质量的内容处于博弈状态。在媒体技术融合过程中,如何避免这些问题,进行深度整合,需要进一步探索:一是树立互联网思维。新技术使传播模式发生根本转变,不再以传播者为中心,而是以受众为中心。传统媒体以传播者为中心的传播理念根深蒂固,很难改变,这对媒体融合的纵深发展形成阻碍。诚然,不论技术如何更新,把生产优质内容作为媒体融合的核心目标不会改变,在这一目标的前提下,树立互联网思维,增强合理运用技术的能力。二是技术与内容一体化发展。面对技术与运营人才缺乏,通常采用的模式是技

---

①叶蓁蓁."互联网+"巨变刚刚开始——从中央厨房的建设理念谈起[J].中国编辑,2017(09):59-62.

术外包给技术平台,由其开发和运营。因此,对于新媒体机构,内容和技术没有实现一体化发展。三是根据互联网特点创新产品内容。新媒体产品基本是复制传播传统媒体内容,同质化严重,产品内容没有体现互动互联的特点,因此媒体融合产品要向高端、高质量发展,提高用户体验度。四是加强数据工具的开发与利用。数据工具的开发对于媒体融合至关重要,例如谷歌新闻实验室,它很好地连接了技术与媒介,为新闻工作者提供开发的数据,便捷的搜索引擎以及核验工具,使新闻从业者能更好地利用数据。数据工具在某种程度上影响了媒体选题和内容。因为媒体要根据数据工具的分析来策划选题和选择内容。

二、媒体融合的产业维度

媒体产业融合既包括媒体与其他产业的融合,还包括媒体内部产业的相互融合,以及媒体内部资源、生产、产品、技术、市场等方面的全方位的融合。"传媒产业一般包括传统媒体、网络媒体和移动媒体,是众多传媒企业和传媒机构在共同的价值目标下形成的集群。[①]"作为集群,媒体产业融合包括众多要素的融合,其融合模式有横向融合、纵向融合、横向纵向交叉融合等模式。横向融合一般包括媒体与其他产业的融合,纵向融合则包括媒体内部各要素的融合以及上下游产业链之间的融合。横向与纵向交叉融合则是包括上述两种模式的更为复杂的融合。

①崔保国,侯琰霖. 在融合中转型 在转型中创新——2012中国传媒产业分析与展[J]. 中国报业,2012(07):24-29.

（一）产业融合突破了媒体产业边界

产业融合突破了媒体产业边界，使得媒体产业内部之间，媒体产业与其他产业之间界限模糊。"他们之间的技术边界消失、市场边界模糊，产业结构体系发生变化。[1]"媒体产业融合已经成为大势所趋，随着媒体产业融合的发展，很多产业之间的界限已经打破，比如信息服务业是由通信业、IT业和传媒业融合而成的。传媒业、文化业、旅游业和地产业高度融合成文化休闲旅游业。很多不同产业出现了高度融合的现象，而且新融合产业的规模巨大，传媒业在其中发挥的作用也愈加明显。互联网技术的发展与升级，使原来泾渭分明的产业之间出现了相互交叉与渗透的情况。打破了产业边界，不同的产业融合成了新的产业。"媒体融合能够为产业融合提供更好的信用背书，而产业融合既能为媒体融合提供强大的资金支持，也能够为媒体融合提供更多的传播渠道，更好地引导用户尤其是年轻用户。[2]"例如，中央电视台拥有覆盖财经、娱乐、体育、影视、农业等多领域的全体系频道资源，这些资源可以与各类产业资源对接，为各产业发展和结构升级发挥了重要作用。产业融合对于提升传播力起到助推作用。比如互联网行业进军广电媒体，可以使媒体产品更好地覆盖用户，产品服务也更能体现传播媒体的价值观。传媒产业在进行媒体融合时，一般采用市场化的机制，这些都是要冲破旧的管理体制和机制，因此必须转变观念，一旦转变观念，适应了新的发展需求，又进一

---

①陶喜红，王灿发.产业融合对传媒产业边界的影响[J].新闻界，2010（01）：14-17.
②杨柏岭.作为文化的传播：人、媒介与社会关系的形上之思[J].现代传播，2020（08）：9-15.

步促进了媒体融合的发展。

（二）媒体产业融合的策略选择

产业融合不仅需要技术的融合与升级，而且在运行平台、组织机构、生产流程上都需要进行调整，甚至在商业模式和管理制度上也需要进行变革。

第一，提高创新意识，培养创新思维。产业融合依托于新媒体技术，技术是媒体产业融合的根本驱动力。在产业融合过程中具有创新思维可以打破常规，不再拒斥新技术革新，不再固守传统发展模式，而是不断加强互联网的应用与开发，最终破除产业融合的阻力。

第二，加强传统媒体与新媒体在管理体制和经营模式上的融合。传统媒体在管理体制上应该更先进，在经营模式上应该更灵活，这样才能与新技术并驾齐驱，才能从貌合神离走向真正的融合。

第三，为媒体产业融合提供政策支持，发挥顶层设计的指导作用。媒体产业融合离不开政策支持，进一步推动各类政策落地达效，形成政策叠加效应。政策出台后，政策与实施之间应有效连接，形成科学合理的政策体系。尤其对于高新科技产业的发展更应该在政策上予以倾斜，使其为新媒体的产业融合发挥良好的孵化器作用。

第四，建立产业效果评估体系。媒体的产业融合，不管是媒体产业与其他产业的融合，还是媒体产业自身内部资源之间的产业融合，都需要对融合的效果进行科学的、全面的评估。比如文化价值、商业价值、传播价值等方面的评估。这些指标对于监测产业发展状况和产业融合效果至关重要。必须建立科学的、系统的、有导向作用的产业效果评估体系。

第五,加快产业结构调整和产业升级。随着媒体产业结构的不断升级,其他产业的结构调整也要跟上步伐。在以市场需求为导向的前提下,让以文化价值为核心的多种产业结构加快调整和升级,以适应媒体产业融合发展的需要。例如媒体产业与旅游业的相互交叉、相互渗透发展,使得两大产业之间实现了资源整合。

第六,促进传统媒体与新媒体之间功能互补,优点相互渗透吸取。从内容上说,传统媒体更注重品质内容,这是新媒体需要借鉴的。从传播方式上,新媒体则更具有优势,传统媒体需要吸收新媒体的这一优势。从传播受众上看,新媒体注重与用户之间的社交互动,传统媒体的用户群往往比较固定,新媒体依靠互联网技术广泛吸纳新用户,二者优势互补,互为依托,并不矛盾。

三、媒体融合的文化维度

(一)媒体深度融合,需要文化支撑

媒体融合更深层次的动力来自文化融合。文化是一种软实力,隐形的力量,对媒体融合起到潜移默化的影响。"媒体融合实际上是不同媒介组织的整合运作,不同媒介组织拥有不同的文化,势必会存在文化冲突,而文化冲突成为媒体文化融合的最大障碍。因此文化融合成为媒体融合能否成功的关键。""与媒介融合相关的不是技术,而是思维定

式、管理模式和新闻编辑室的文化"[1]。媒体融合最终要实现"以文化人"的效果。因此,只有在文化层面实现彻底的融合,才能达到媒体融合的最佳效果。"熟悉并重视媒体融合中的文化力量,并且发挥文化价值取向的积极作用,减少文化价值取向的负面效应,才能促进媒体融合的纵深发展"[2]。其传统媒体与新媒体的融合是一个持续的过程,这种双向互动需要技术、观念、模式等方面的交流与借鉴之外,还需要更深层次上的文化融合。这种文化融合不仅包括媒体文化与其他行业文化的融合,还包括传统媒体优秀文化的传承、新媒体创新文化的吸收等。

(二)文化认同是媒体文化融合的前提

出版与文化密不可分,"几乎所有关于文化的问题都与出版有关,理解文化的特性,是打开出版认识之门的钥匙"[3]。出版因其文化性,对于人们的价值观念的养成具有重要推动作用。人是一种类存在物,具有类生命、类意识。人作为主体一旦确定什么对自己有价值时就会认同此价值,并基于此价值判断而外化为自己的行为,使理想转化为现实。当人们有着相同的价值目标并且这些价值被普遍认同时,这些价值就会成为人的一种精神需要。价值认同使价值主体"类化",并联合起来,形成强有力的力量。在"类化"的过程中人们需要接受价值观认同和文化认同,但这并不是束缚,而是行为自觉。媒体融合的文化融合维度是文

---

①杨柏岭. 作为文化的传播:人、媒介与社会关系的形上之思[J]. 现代传播,2020(08):9-15.

②刘冰. 文化的融合:媒体融合进程中的文化因素考察[J]. 编辑之友,2018(01):65-68.

③于殿利. 出版是什么[M]. 北京:中国传媒大学出版社,2018:287.

化建设的重要一维,同样文化融合是系统工程,是媒体融合更深层次的需求。文化融合首先需要文化认同,不管是媒体内部还是与其他媒体或者其他行业之间,文化认同感越强,则媒体融合越有推动力,越容易形成合力。社会成员的文化认同越强则这个社会越具有凝聚力。文化认同是文化融合的前提,通过文化认同来凝聚社会各个阶层的力量,形成共同的价值目标、价值取向和价值追求,形成合力促进媒体融合。成功的媒体融合其价值观是统一的,如果价值观不统一,则不会实现真正的融合,可能只停留在表面。价值观统一,媒体融合才能取得实质上的成功。

(三)媒体文化融合的策略选择

在媒体融合过程中,不仅要构建起融合媒体发展的文化支撑,还要关注通过媒体文化融合来履行媒体承担的传承与创新文化的责任。首先,构建"良性技术文化",赋予技术更加丰富的文化内涵。媒体融合离不开技术,技术理性逻辑实现了对媒体融合的强制操控,技术发展中滋生异化现象具有必然性。在技术发展中融入"良性技术文化",真正树立起一种技术思维,让技术成为媒体文化融合的重要组成部分。媒体的基本属性本身就包括技术性与文化性,媒介技术与文化的关系。"从业者必须把握和尊重不同技术的文化隐喻,才能做好真正的技术融合"[①]技术不仅具有工具性还要赋予技术文化内涵,技术本身也构成一种文化。在媒体文化融合中实现技术的文化价值。其次,践行媒体传承与创新文化的责任。在现代社会,技术发明与技术应

①徐天博,余跃洪.媒体融合的发展脉络与主要逻辑[N].中国社会科学报,2019-04-26(004).

用之间的时间差越来越短,因此人们把时间和精力都放在了媒体的技术性上,而忽视了内容文化品质的塑造。这也导致媒体在履行传承与创新文化的责任上有所忽视。另外,媒体在引导大众文化的建构方面发挥着重要作用,不管媒体如何融合,媒体传承与创新文化这一责任都不会改变。再次,媒体融合需要开放的文化氛围。在开放的文化氛围下才会有更多的信息终端制造者和内容提供者进入。电信公司、广电公司、互联网公司参与三网融合,从资金、技术、产品、服务等方面进行深度融合,都需要以开放的文化氛围来推动融合工作。最后,注重媒体文化融合的过程性。媒体文化融合是一个渐进过程,具有长期性,是出版文化动态生成的过程。这个生成过程需要文化的长久浸润①。

---

① 褚丽华. 媒体融合的三重维度[J]. 传媒论坛,2022(23):58-60,85.

第三章 基于正确导向与融合理念的融媒体深度发展路径

第一节 在融媒体深度发展中坚持正确的舆论导向

随着我国传播技术不断发展,融合媒体时代的到来,为新闻传播事业注入了新鲜血液,同时也面临着一场前所未有的革命。那么,如何在众多的新闻媒介里脱颖而出,发挥主流媒体正确的新闻导向作用,这是现阶段新闻从业者值得深思的问题。

发挥主流媒体的舆论引导能力可以更好地展示主流媒体的权威形象,提高其社会公信力。从目前传媒领域看,如果网络传播中出现一个不实的新闻,将会引发社会各界舆论,给社会安定和谐带来很大影响,而主流媒体在此时将彰显重要作用,可见,本节对融媒体时代下主流媒体如何引领舆论导向的研究,意义重大。

一、融媒体时代下主流媒体的积极作用

在融媒体时代下,由于大量的信息传播,导致人们对这些海量信息无法有效甄别,因此,如何获取正确信息并形成正确舆论观念是当下大众的迫切需求。而主流媒体作为舆论引导与宣传思想工作的主体,在其中彰显重要作用,通过

正确的舆论引导,建设符合社会发展的网络思想舆论阵地,引导正确的舆论导向。具体体现在以下几方面:

(一)融媒体时代下,主流媒体的发声可以表达出党和人民的意见

在众多媒体中,主流媒体可以立足媒体潮头主要就是因为其具有权威性,主流媒体表现出较强的影响力,因此,其可以通过舆论引导,为广大群众提供正确的价值观。

(二)主流媒体可以更好地传播社会的主流意识与价值观

在国家建设与发展过程中,需要通过正确的价值观与意识形态引导,为人们思想意识进步提供有力支撑。而在当今网络化、信息化、复杂化的社会结构中,需要正确的意识形态及思想价值观作为依托,而此时主流媒体的舆论引导作用,正好符合这一发展需求,对促进国家发展具有重要作用。

(三)主流媒体在公信力方面的作用较为突出

在复杂多变的网络信息中,主流媒体可以通过强大的公信力为大众指引正确方向,也正因为如此,主流媒体才得以被大众推崇。融媒体时代下,主流媒体应该充分发挥自身优势,引导大众思想观念及价值取向,引导公众努力奋斗,因此,发展主流媒体是大势所趋,应当不断升级和优化。

二、融媒体时代下主流媒体的舆论引导现状分析

(一)平台建设力度不足

融媒体时代下,主流媒体若想进一步发展,需要依托平

台,但是从目前平台建设情况看,与其他非主流媒体相比较,优势不够明显,仍然处于被动地位。目前,我国一些主流媒体都建立了网站、微博、客户端等,虽然在整体上迎合了时代发展需求,但是并没有获得主动权,同时也缺乏创新优势,这对主流媒体舆论引导能力的提高造成了严重阻碍。

(二)传播时效性不高

主流媒体通过电视、广播、报纸等方式传递、制作信息的过程中,不仅需要耗费较多的时间进行制作,同时其传播渠道非常有限,这便导致信息传播缺乏较强的时效性,削弱了信息对大众的影响力,也无法形成统一的舆论引导。相比之下,新媒体信息传播途径广、时效性强,符合当代大众对信息的需求。

(三)获取权威信息效率低下

主流媒体自身具备权威性,其发声可以代表党和人民,能够形成良好的舆论引导能力。但是在融媒体时代,新媒体的应用同样发挥了其优势,新媒体也可以在政府与百姓之间建立沟通桥梁。而与此同时,主流媒体信息发布效率低下,在此环境下,已经很难在第一时间起到舆论引导作用,导致舆论引导能力被弱化。

三、融媒体时代下主流媒体舆论引导能力建设的路径

下文主要以央视频二十四小时实时直播火神山医院建设为例,具体分析了融媒体时代下主流媒体舆论引导能力建设的途径。

(一)增强新闻可视化,提高真实体验

在融媒体时代,新闻的传播形态改变了,由以往图像、文字、音频的单一传播形式,逐步向可视化传播方向发展。

在"火神山医院云监工"新闻事件中,火神山医院的建设过程通过更加直观的方式呈现给大众。除了可以在央视频App观看直播,还可以通过微博上的相关链接,直接连线到建设现场,在网络空间中进行"云监工"。

诸如此类新闻报道,极大丰富了报道形式,直播、视频等方式已经成为新闻传播的主流趋势。通过可视化手段可以引发人们思考,提供了浸入式的新闻体验。例如,报道灾难性新闻时,通过现场直播、视频等方式可以进一步让大众感受到一线救援人员的直接感受,通过真实的画面唤起大众情感共鸣。在可视化技术作用下,不仅可以提高主流媒体传播速度,而且构建了一种"身临其境"的氛围,有利于发挥主流媒体舆论引导作用。

(二)聚焦情感能力,提高共情能力

在社会不断发展的背景下,大众在期待社会长久稳定的同时也对精神需求提高了要求,公平感、安全感、正义感等成为大众追求的情感能量。

故此,主流媒体在提高舆论引导能力过程中,需要将人作为根本,以人为核心开展相关工作,实施有效的思想引导,从用户心理出发,在具体事件中注意舆论的正确引导。

在舆论引导中情绪引导发挥关键作用。因此,在融媒体时代下,主流媒体需要"以人为本",利用大众的情绪触点,在相关报道中引导人们发生共情,进而进一步发挥主流媒体舆情的正确引导作用,为构建和谐社会做好铺垫。

(三)挖掘主流媒体的意见领袖,引导正确舆论

在融合媒介作用下,发表观点的阵地已经不局限于报纸、电视、广播等平台,微博、微信、B站等新媒体平台已经成为主流媒体传播信息、进行思想引导的主要阵地。但由于这些平台入门并没有很高的要求,所以不乏一些别有用心的用户会利用舆情散布一些不健康、不正当的言论,造成民众恐慌,激起人们的愤怒情绪。此时,主流媒体要发挥出舆论引导作用。

在新的时期,主流媒体需要充分利用新媒体平台,引导其中优秀的意见领袖发挥出自身的正确引导作用,利用社交网站、微博、微信等途径,起到积极的带头作用。同时,如果发生对社会稳定造成不良影响的舆情事件时,这些意见领袖需要通过正当言论,引导大众思想价值观念,维护社会稳定。

(四)把握好舆论引导话语方式,端正姿态

从舆论引导的角度看,如果采用强硬的方式进行说服性传播,非常不利于传播效果的提升,甚至还会引发受众的集体不满、排斥。故此,主流媒体的舆论引导需要在引导过程中改变话语方式,叙事时要适当加入"软"艺术,改变一贯的传播式姿态,利用更加"接地气"的方式树立公信力。但这并不意味着要刻意去迎合大众,因此,主流媒体在"接地气"的同时也需要掌握好"度"。

总之,基于融媒体时代,主流媒体要发挥出自身的舆论引导能力。本节提出具体措施,有效解决主流媒体存在的平台单一化、传播时效性差、权威信息获取效率低等问题,通过进一步的创新与改革,不断增强舆论引导能力[①]。

---

① 王舒锡.融媒体时代下主流媒体如何引领舆论导向[J].记者摇篮,2020(10):96-97.

第二节 融媒体深度发展中的融合思维和
大数据意识

一、融媒体深度发展中的融合思维

从现阶段媒体融合呈现出的态势来看,媒体融合显然并不是改革的最终结果,随着5G、VR及AI等技术的逐渐成熟,新的智能媒体时代正在不远处向我们招手。回想一下,经历了2G、3G、4G等技术逐步升级的历程,媒体融合真正融合的并不仅仅是传播主体和路径,还有整个媒体行业的思维方式和理念。以技术升级为标杆的媒体融合,正逐步显示着其势不可挡的发展态势。对当代媒体人而言,如果不具备前瞻性视野,未来势必会被时代所淘汰,在不断变迁的媒介环境中逐步被边缘化。

作为传统媒体,应当理性认识融合发展的新环境,对当前在技术发展驱动下而发生的传媒行业的裂变与重组有清醒的认识和准确的把握,从而可以在以AI、VR、5G等技术为支撑的智能媒体时代到来之前做足准备,做好思维升级。

(一)改变传统思路,直面技术强权

如果没有媒体融合时代的过渡,智能媒体时代根本无从谈起。当前对于传统媒体而言,首先要做的便是思路的改变,彻底放下高姿态,破除隔阂,将合作变成融合,将信息传播的权利归还给社会公众。另外传统媒体也要直面技术强权,承认技术发展对于时代变革的巨大作用,将抗拒的心态调整为顺势而为的心态。

作为传统媒体,其应当以思路转变为先,将新兴媒体所带来的压力与挑战转变成为促进融合的动力,以引领媒体融合时代发展的决心,加强对 VR、5G、AI 等新媒体技术的运用,借助技术发展的强劲势头为未来发展夯实根基。

(二)认清媒体融合的本质和阶段性特征

作为传统媒体,为了更好地推动媒体融合时代的发展,其应当认清媒体融合的本质,需要摒弃媒体融合是传统媒体网络化延伸的错误理念,形成科学认知,认识到媒体融合是对既往信息生产、传输和接收等流程的颠覆性重构。在媒体融合时代,技术、人和社会将会完全融为一体,传统媒体不可能再以既往孤立式的信息生产方式以及封闭的行业思维来进行传播活动。

不仅如此,传统媒体还应当准确定位当前自身所处的时代坐标,区分不同媒体时代的阶段性特征,做到提前谋划,充分应对。在面对新技术的时候,要积极利用自身既有的经验和行业优势,主动参与技术升级并引领融合。唯有如此,传统媒体才能在媒体时代变革的洪流之中处于优势地位,在确保自身的生存与发展的同时更好地履行其所肩负的责任与使命。

(三)关注潮流文化,加强对年轻人思想的正确引导

媒体融合时代是大众传媒的时代,是一个人人皆媒介的时代,同时这个时代还存在着一个非常显著的区别于传统媒体时代的特点,即二次元文化等非主流文化的存在。一些受潮流文化影响成长起来的当代年轻人,已经成为当前媒体融合时代以及未来智能媒体时代的信息传播的主体,其既可能是新媒介环境中的内容制作者,也可能是信息

传播活动的主导者,也可能是高新技术升级的主力军,是支持和运用高新技术的一代人。对于传统媒体而言,其应当在主动引领融合的同时积极关注喜欢潮流文化的年轻群体。唯有了解他们,才能更好地引领他们的思想。

从社会文化发展的角度而言,二次元文化也是一种新思潮。虚拟性与娱乐性、趣缘性与排他性,是这种文化的主要特点。二次元文化中的一些不良思想也对主流意识形态造成挑战,给社会增加了不稳定因素。传统媒体不能无视这种潮流文化的存在,反而要积极去引导。这是传统媒体应当肩负起的任务和使命。其应利用自身的专业优势,对青年群体加强思想道德教育,使其充分认识、理解以及主动践行社会主义核心价值观,激励他们奋发前行。

传统媒体应当积极抓住技术变革带来的机遇,迎合新时代发展趋势,创新思想,对我国的国情社情形成一个清醒的认知,牢记自身肩负的使命与重任。不论是在媒体融合时代还是在未来的智能媒体时代,都要始终正确引领社会舆论,坚守公信力优势[①]。

二、融媒体深度发展中的大数据意识

2013年被一些媒体称为世界的"大数据元年"。

大数据技术就是从海量数据中快速获得有价值信息的能力,其战略意义就是在掌握庞大数据的同时,提高数据的加工能力,实现数据的增值。它能使数据像土地、石油和资本一样,成为经济运行中的根本性资源。大数据是继云计算、物联网之后,IT产业又一次颠覆性的技术变革。

---

①邢佳佳. 浅谈融媒体背景下的媒介融合思维[J]. 记者摇篮,2022(05):75-77.

大数据正日益显现出对各个行业的推进力,预示着智慧产业化和产业智慧化时代的到来。未来的市场将更多地以人为中心,主动迎合用户需求,前提就是要找到这部分人群。而大数据技术正可以让卖家了解买家,让买家买到喜欢的东西。互联网营销将在行为分析的基础上向个性化时代过渡。更重要的是社交网络产生了海量用户以及实时和完整的数据,同时也记录了用户群体的情绪,使对人们行为和情绪的细节化测量成为可能。从凌乱纷繁的数据中挖掘用户的行为习惯和喜好,将用户群精准细分乃至直接找到用户,找到更符合用户兴趣和习惯的产品和服务,并对产品和服务进行针对性的调整和优化,这就是大数据的价值。

数据的价值使它可能成为最大的交易商品。数据集成和数据管理是开发数据价值的核心所在。社交数据挖掘公司将分析后的数据卖给需要的品牌商家或营销公司。数据的交叉复用将大数据变成包括数据提供方、管理者、监管者的一大产业,它使手中握有数据的公司站在金矿上。而中国巨大的人口基数,使中国消费群体所产生的数据量与国外不可相提并论。具备数据挖掘能力的公司备受资本青睐。数据挖掘会导致很多商业模式诞生,能帮助企业降低营销成本,开拓用户群,提高产品销售率,增加利润。企业拥有的数据规模、数据活性和运用、解释数据的能力,已经成为企业的核心竞争力。大数据可以帮助人们开启循"数"管理的模式,三分技术,七分数据,得数据者得天下。未来将属于那些能够驾驭所拥有数据的公司,属于能最好地理解哪些指标影响自己发展前景的人。

大数据技术正在改变着从零售到媒体,从物质需求到精神食粮的一系列行业的行为规则,对国家治理模式、对企业的决策、组织和业务流程、对个人生活方式都将产生巨大的影响。大数据也能在政治、文化等方面发挥巨大的作用,如预测犯罪的发生和高危传染病的散布,利用手机定位数据和交通数据完善城市规划,预测选举结果和失业率,打造高效反腐的体制机制,等等。传统媒体也可以通过与社交媒体的合作,把自身在信息质量上的优势和社交媒体通过数据分析掌握用户需求的优势结合起来,将优质内容产品有针对性地提供给用户,使大数据时代的视听服务更加凸显对人本身价值的契合和追求,从而增强文化产品的针对性和影响力①。

第三节　传统媒体与新兴媒体融合发展的思想基础与相关理论

一、传统媒体与新兴媒体融合发展的思想基础

马克思指出,"理论一经掌握群众,也会变成物质的力量。"理论的最大价值在于武装群众、指导实践。当前,我国媒体迎来了快速发展的重要战略机遇期,传统媒体和新兴媒体迭代发展的势头很强。实践越发展,就越需要理论的指引。党的十八大以来,围绕媒体深度融合,习近平总书记在媒体发展的关键时刻、关键节点,亲自谋篇布局、着力推进,发表了一系列重要论述,从"道"的战略高度,为新时代

---

①蓝蔚青. 发展智慧经济要强化"大数据"意识[J]. 杭州科技,2014(04):42-43.

推动媒体深度融合发展提供了根本遵循,指明了前进方向。

2013年8月19日,习近平出席全国宣传思想工作会议并发表重要讲话。他强调,经济建设是党的中心工作,意识形态工作是党的一项极端重要的工作。宣传思想工作一定要把围绕中心、服务大局作为基本职责,胸怀大局、把握大势、着眼大事,找准工作切入点和着力点,做到因势而谋应势而动、顺势而为。

2014年8月18日,习近平总书记主持召开中央全面深化改革领导小组第四次会议并发表重要讲话。会议审议通过了《关于推动传统媒体和新兴媒体融合发展的指导意见》他强调,推动传统媒体和新兴媒体融合发展,要遵循新闻传播规律和新兴媒体发展规律,强化互联网思维,坚持传统媒体和新兴媒体优势互补、一体发展,坚持先进技术为支撑内容建设为根本,推动传统媒体和新兴媒体在内容、渠道、平台、经营、管理等方面的深度融合,着力打造一批形态多样、手段先进、具有竞争力的新型主流媒体,建成几家拥有强大实力和传播力、公信力、影响力的新型媒体集团,形成立体多样、融合发展的现代传播体系。要一手抓融合,一手抓管理,确保融合发展沿着正确方向推进。

2016年2月19日,习近平总书记主持召开党的新闻舆论工作座谈会。他强调,党的新闻舆论工作是党的一项重要工作,是治国理政、定国安邦的大事,要适应国内外形势发展,从党的工作全局出发把握定位,坚持党的领导,坚持正确政治方向,坚持以人民为中心的工作导向,尊重新闻传播规律,创新方法手段,切实提高党的新闻舆论传播力、引导力、影响力、公信力。

2017年2月6日,习近平总书记主持召开中央全面深化改革领导小组第三十二次会议并发表重要讲话。会议审议通过了《关于深化中央主要新闻单位采编播管岗位人事管理制度改革的试行意见》会议强调,要深化中央主要新闻单位采编播管岗位人事管理制度改革,统筹配置编制资源,开展人员编制总量管理试点,深化人事薪酬制度改革,完善考核评价和退出机制,增强新闻舆论工作队伍事业心、归属感、忠诚度,为新闻事业长远健康发展提供坚实有力的人才支撑。

2018年4月20日,习近平总书记出席网络安全和信息化工作座谈会并发表重要讲话。他强调,信息化为中华民族带来了千载难逢的机遇。我们必须敏锐抓住信息化发展的历史机遇,加强网上正面宣传,维护网络安全,推动信息领域核心技术突破,发挥信息化对经济社会发展的引领作用,加强网信领域军民融合,主动参与网络空间国际治理进程,自主创新推进网络强国建设,为决胜全面建成小康社会、夺取新时代中国特色社会主义伟大胜利、实现中华民族伟大复兴的中国梦作出新的贡献。

2018年8月21日,习近平总书记出席全国宣传思想工作会议并发表重要讲话。他强调,完成新形势下宣传思想工作的使命任务,必须以习近平新时代中国特色社会主义思想和党的十九大精神为指导,增强"四个意识"、坚定"四个自信",做到"两个维护",自觉承担举起旗帜、聚民心、育新人、兴文化、展形象的使命任务,坚持正确政治方向,在基础性、战略性工作上下功夫,在关键处、要害处下功夫,在工作质量和水平上下功夫,推动宣传思想工作不断强起来,促进全体人民在理想信念、价值理念、道德观念上紧紧团结在一起,为服务党和国家事业全局作出更大贡献。

2019年1月25日,中共中央政治局就全媒体时代和媒体融合发展举行第十二次集体学习。习近平总书记在主持学习时强调,推动媒体融合发展、建设全媒体成为我们面临的一项紧迫课题。要运用信息革命成果,推动媒体融合向纵深发展,做大做强主流舆论,巩固全党全国人民团结奋斗的共同思想基础,为实现"两个一百年"奋斗目标、实现中华民族伟大复兴的中国梦提供强大精神力量和舆论支持。总的来说,习近平总书记关于媒体深度融合的系列重要论述是一个完整的思想体系,科学回答了新时代媒体融合发展的一系列根本性、战略性、全局性重大问题,包括以下一些内容:

第一,关于媒体深度融合发展的意义。习近平总书记指出,"伴随着信息社会不断发展,新兴媒体影响越来越大。……新闻客户端和各类社交媒体成为很多干部群众特别是年轻人的第一信息源,而且每个人都可能成为信息源。……推动媒体融合发展、建设全媒体就成为我们面临的一项紧迫课题。"要深刻认识全媒体时代的挑战和机遇,我们要加快推动媒体融合发展,使主流媒体具有强大传播力、引导力、影响力、公信力,形成网上网下同心圆。使全体人民在理想信念、价值理念、道德观念上紧紧团结在一起,让正能量更强劲、主旋律更高昂。

第二,关于形成资源集约、结构合理、差异发展、协同高效的全媒体传播体系。习近平总书记指出,"要抓紧做好顶层设计,打造新型传播平台,建成新型主流媒体,扩大影响力版图,让党的声音传得更开、传得更广、传得更深入。""推动媒体融合发展,要统筹处理好传统媒体和新兴媒体、中央媒体和地方媒体、主流媒体和商业平台、大众化媒体和专业性媒体的关系,不能搞'一刀切'、'一个样'要形成资源集约、结构合理、差异发展、协同高效的全媒体传播体系。"

第三,关于媒体深度融合发展中互联网的作用。习近平总书记指出,"网络空间已经成为人们生产生活的新空间,那就也应该成为我们党凝聚共识的新空间"[①]。

二、传统媒体与新兴媒体融合发展的相关理论

(一)新公共管理理论

与传统的公共行政管理方法不同,新公共管理理论认为政府应该要以向社会大众提供服务作为主要职责,要依据为社会大众提供的服务内容、性质等的不同,进而采取不同的提供方式[②]。在新公共管理理论中,除了政府以外,应该还有其他社会组织承担部分公共管理职能[③]。新公共管理有以下几个特点:第一,新公共管理对于行政规则、绩效目标的控制非常严明,并以绩效目标的完成情况对个人进行评估;第二,站在顾客或者市场的角度,以顾客的需求来促进政府服务质量的提高;第三,编制战略计划和加强战略管理,编制战略计划是公共管理者的重要工具,能够帮助管理者决定他们应该做什么和怎么样才能实现公共管理目

①丁茂战.新时代媒体深度融合理论和实践路径研究[M].北京:中国言实出版社,2021.
②张莹,明鸣,郭喻.多维视角下新公共管理探索[M].辽宁:辽海出版社,2020:30.
③张军涛,曹煜.公共管理学[M].北京:清华大学出版社,2015:3.

标;第四,提高服务质量,以顾客感到方便和提供服务是否及时为主;第五,要重视项目评估,项目评估是加强管理的方法和手段。

媒体融合发展是国家级战略计划,是全国主流媒体的发展方向,是主流媒体走向全媒体的必经之路。结合新公共管理理论,对主流媒体融合进行深入分析研究,使得主流媒体管理者更能准确把握媒体融合发展方向,有效解决主流媒体在内容融合、渠道融合、技术融合等方面存在的问题。

(二)战略管理理论

20世纪60年代初,美国管理学家钱得勒在《战略与结构:工业企业史的考证》一书中提出了"结构追随战略"观点。他认为,企业战略管理要适合社会大环境,并满足当前市场的需求,组织结构要适应企业战略管理。20世纪80年代,哈佛大学战略管理大师迈克尔·波特认为取得竞争优势是各大企业的战略核心,影响竞争优势的原因包含企业的盈利能力和企业在其自身行业中的优势竞争地位。到了90年代后期,学者们目光从企业内部转到了企业之间合作管理,1996年,美国学者James F.Moorel提出"商业生态系统",旨在力求"共同计进化"①。他认为,商业活动在企业生态系统均衡演化层面可以分为四个阶段:开拓、扩展、领导和更新。

纵观新的战略管理,可以得出一套战略管理要具备的几个关键要素:为客户设计的价值链、独特价值取向、持久

---

①詹姆斯·弗·穆尔. 竞争的衰亡——商业生态系统时代的领导与战略[M]. 梁峻,等,译. 北京:北京人民出版社,1999.

性、互动性以及清晰的取舍。在实际应用中,管理者可以根据实际情况,设计一套合理的战略管理方案。

在全国主流媒体都在进行媒体融合走向全媒体生态体系的道路上,各主流媒体管理者应当高度重视战略管理理论研究,准确指导媒体在内容、技术、渠道等方面的布局和计划,指导媒体在激烈的竞争中立于不败之地。

(三)5W传播模式理论

1948年,哈罗德·拉斯韦尔在《社会传播的结构与功能》一书中提到了传播过程的五要素说,也就是著名的"拉斯韦尔传播模式"。即后来的5W传播模式。5W传播模式中的"5W"指的是:谁(Who)、什么(What)、渠道(In Which Channel)、传给谁(To Whom)、取得的效果(With What Effect)。这是一条完整的传播及反馈路线,涵盖了传播者、讯息、媒介、受众、反馈。在公共传播学5W传播模式中,每个要素各有其自身的特点。谁(Who)就是信息的传播者,可以是个人或机构,传播者的主要任务是负责信息的采集和加工制作。什么(What)也就是内容本身,是由特定的符号编译成的一组内容。渠道(Which Channel)是内容传递的中间介质,可以是广播、电视、互联网等。传给谁(To Whom)即信息的接收者,可以是读者,也可以是听众等。取得的效果(With What Effect)在接收者收到内容后在认知、感官等方面所起的反应。

媒体内容从产生到播出流程依次为采集、编辑、制作、播出、管理,在每一个环节中都可以运用到5W传播模式理论,在主流媒体融合过程中,要充分理解各环节的目的和可以运用到的原理和方法,扎实做好每一个环节,为全媒体生态体系构建做出努力①。

---

①赵业琼.江西广播电视台媒体融合发展对策研究[D].南昌:江西财经大学,2021.

第四章 基于内容创新的融媒体深度发展路径

第一节 融媒体内容生产的流程创新

内容生产是整个新闻传播过程的核心,是新闻生产中的制造环节,这在中共中央发布的《关于加快推进媒体深度融合发展的意见》中被称为"内容供给侧",而其中又主要包括选题、采访、写作、编辑、视频制作等多个环节[1]。

内容生产分为信息采集、选题策划、信息加工、信息审核四个环节,省级融媒体中心内容生产的全流程创新要遵循上文所述的媒体发展趋势和路径,要将移动化、社交化、智能化渗透到内容生产制作的全流程中。

一、信息采集:积极开放云库,共享海量内容

信息采集作为内容生产的上游环节,只有源源不断地进行信息的集纳、汇入才能保证正常的内容生产。而信息量越大,越能保证生产出优秀且高质量的内容。

在过去,信息采集只能通过人力来完成,哪里有信息,记者就去哪里,或是记者走到哪里,哪里才有信息,信息的

---

[1]新华社. 中共中央办公厅 国务院办公厅印发《关于加快推进媒体深度融合发展的意见》[EB/OL]. (2020-09-26)[2023-02-06]. https://www.gov.cn/xinwen/2018-08/22/content_5315723.htm.

采集单一且不全面。而在未来,在移动化发展趋势下,信息的采集可以直接实现与用户移动端口对接,不再受到传统采集器械等因素的影响,信息的采集是移动化的、实时化的,信息的采集将更加迅速和精准。

而在智能化的趋势下,信息的采集也更"全息"。用户的各种情绪、态度、观点、行为都会变成数据,为智能化生产的深层应用提供源源不断的资源。各种各样的传感器被研发出来,完成跨地域全时空的信息传输。比如可穿戴传感器,仅仅一个小小的手环就可以完成用户身体健康、行动轨迹的数据采集,甚至可以在大数据的支撑下反向分析出用户的情绪和状态。随着大数据技术不断发展成熟,融媒体采集的信息量也越来越大,所以在未来,数据的采集能力和数据的分析能力将会是融媒体内容生产的重心。

目前有不少融媒体中心的信息采集是从云库——一种可作为内容采集、存储和共享的智能数据库实现的。融媒体中心作为资源的汇聚平台,信息采集应当具有"共享思维"。"共享思维"顾名思义,就是说各方共享资源、数据、技术,实现价值最大化。其本质是指,不一定所有,但可以共同使用,达到共赢。融媒体中心要积极建设和开放云库,共享用户、技术、内容等海量资源。其中,不仅仅新闻素材、用户资源可以共享,甚至是云库中的海量内容也可以共享。

在过去,媒体追求的是新闻的独家性,对新闻消息、资源等把控得十分严格。但是,在共享时代,媒体不再需要独占资源和内容,一家独大,而是可以开放给融媒体中心以及更多的媒体共同使用,使得新闻生产过程变得更高效、更丰富,帮助融媒体中心节省了大量的人力、物力、时间成本,同时也使得很多没有被充分利用的新闻素材、资源、新闻内容能够物尽其用。此外,在"共享"思维的引领下融合人才人员管理,实现人员精简,降低成本,同时也能提高效率,实现人尽其用。通过建立互联互通的融媒体中心,真正使得全区域的资源、数据、内容等实现共享,真正抱成团、连成片、结成网,成功建设全区域"一朵云"。

二、选题策划:用户参与媒体选题,热点选题统一策划

选题策划指的是新闻媒体基于新闻报道的真实性,从大量的新闻信息中筛选出具有新闻价值的选题,并对选题如何报道进行策划。报道也将会在受众反馈的基础之上针对性调整报道内容、形式等,目的是能够达到预期效果,显然,新闻选题策划是新闻报道工作成功与否的重要决定因素。

首先,用户参与媒体选题,即在内容生产时,注重社交化。融媒体中心立足于所覆盖区域开展新闻报道,选题要紧跟时事热点。对待重大选题要统一进行策划,集中报道。传统媒体时代新闻的选题策划,具有决定权的是编辑,由编辑来决定什么样的选题可以被选择。但是随着时代的发展,社交化思维让用户于无形间也参与到选题策划当中去,并且对选题策划产生很大的影响。比如微博的热搜榜、话题榜都是用户参与媒体选题的典型代表。

融媒体中心更需要在智能化发展趋势的引导下开设热点预测功能,了解什么样的选题是用户关注的话题?什么时候播才能达到更好的传播效果?这些都可以通过大数据

技术的后台数据统计功能清晰地看到话题的热度、关注度，直观地看到阅读量、点赞、评论、转发量，等等，从而筛选出价值高的选题进行统一的策划。

其次，选题确定后，还需要对热点选题进行统一策划，要决定选题的报道形式，从而保障报道效果，实现良好的传播。尤其是一些热点、重点话题的策划，因为选题本身就具有高热度、高关注量，所以对于选题的策划则是实现良好传播效果的一个重要环节。比如，2020年长城新媒体就曾针对冬奥会这个用户关注度很高的选题进行了"百县百校万人同日上冰雪"活动，在全省范围内开通了一百多个直播端口同时进行特色冰雪活动直播，达到了三十万人共同参与活动的盛况。

三、信息加工：多形式呈现，尤其重视短视频内容生产

信息加工是内容生产的核心环节，包括内容的表现形式、文本写作、视频制作，等等。如今，媒体融合正在重构着整个传媒行业，对于融媒体来说，想要打造强势舆论平台，就必须在信息加工上下功夫。

全媒体新闻记者可以通过一次采集的新闻内容，经过二次乃至多次加工编辑后，按照各平台的特点进行发布，真正实现"单次信息采集，多元信息生成与传播"。尤其是短视频和直播的兴起，为融媒体的发展带来了新的机遇，这些基于移动化的新型视频内容业态，正在抢占越来越多的用户注意力，并从内容、技术、商业运营等多个角度，给媒体行业带来全方位的改变。相较于图文内容而言，移动视频的

信息接收门槛更低,天然具有更广泛的用户基础,再加上良好的互动机制,基于算法的个性化精准推送,使得移动视频快速兴起,并成为人们重要的信息接收渠道。

据我国互联网发展情况的统计报告调查,截至2022年6月,我国短视频用户规模达到九亿六千二百万人,占网民整体的91.5%[①]。同时,移动视频平台的活跃用户数量也迅速增长。种种数据表明,手机移动端短视频已经占据了大量的用户。对于融媒体来说,在短视频和直播这些新的战场上,如何占据一席之地,如何在各大商业平台上抢占用户资源,甚至抢占新的舆论高地,打造新的运营模式?坚持移动优先进行内容生产,通过短视频、直播等形式来吸引用户,不失为一条可行的道路。

四、信息审核:三级审核做把关,智能审核导向正

信息审核是指对已经生产出来的内容进行把关、核查的过程,核查的内容大到政治立场、选题是否符合当下传播时机,小到人物名字、敏感词汇、常规错误、错别字,等等。

无论是何种形式的内容,都要经过信息审核这个环节才可以进行公开发布。

融媒体中心作为监测平台,承担着十分重要的"把关人"的责任,要对内容进行监管,对舆情进行监测。融媒体中心每天有成千上万的稿件发布到这个平台,汇聚着海量的信息,什么样的内容可以发布,什么样的内容不符合发布

[①]中国互联网络信息中心.第50次《中国互联网络发展状况统计报告》[EB/OL].(2022-08-31)[2023-02-06].https://www.cnnic.net.cn/NMediaFile/2022/0926/MAIN1664183425619U2MS433V3V.pdf.

标准,都需要经过严格甄别和筛选。互联网时代数据量暴增,只依靠人工的三级审查制度来保障每天的审核量是远远不够的,还需要用智能化思维,依托大数据技术,对稿件进行智能筛查,核查一些简单的问题,帮助人工核查减轻负担。此外,对于舆情的监测与处理更是与时间赛跑,也许差一分钟就错过了舆情处理的最佳时机。所以,更需要以智能化的思维依托大数据的数字化、可视化的技术及时迅速地对舆情数据进行反馈,提供处理依据,保障舆论的正确导向。

融媒体内容生产全流程的四个环节:信息采集、选题策划、信息加工、信息审核,虽然在移动化、社交化、智能化思维上各有侧重,但是又不可完全分离。在各个环节,都要综合移动化、社交化和智能化思维,共同引导内容生产①。

第二节 融媒体内容生产的模式创新

Daremouth 学会在 1956 年首次提出了"人工智能"的概念,理论研究和实践活动随之展开。传媒领域内,智能媒介的发展和应用重构媒介产业,渗透到新闻产业链的方方面面,为媒介内容生产机制创新提供更多可能。媒介不再仅仅是通向世界的桥梁,而是构成了世界本身。智能媒介对传播本身产生的变革效果,会扩展为深入社会文化。从弱人工智能走向强人工智能,从传统媒体走向泛媒化,是来自

———————————
①曹秦雨. 省级融媒体中心内容生产创新研究[D]. 石家庄:河北师范大学,2021.

后继媒介的补救措施,也在传播创新中引发"双刃剑"效应,值得考量和反思。

一、媒介内容生产模式创新

智媒环境中,媒介内容生产模式与在传统媒体时代中的表现截然不同。在技术加持之下,内容采集、加工、呈现和分发环节得以更迭与创新,内容生产走向智能与融合。

(一)内容采集:从单一角度到全方位探测

随着媒介技术的进步,内容采集从单一走向全面。大数据搜索的立体全方位特质极大拓宽了信息搜集的渠道,增强对价值选题的准确判断,内容生产紧跟舆情热点事件。内容搜集过程呈现技术导向,实现了便捷化和更多可能。

1.信息搜集渠道拓展

传统媒体时代,媒介内容搜集范围窄、难度大,完全靠人力主导,呈现出单一的模式。而在众人皆媒的网络空间中,受众变被动为主动,议题生成表现出自发性,对同一事件的多角度解读丰富了报道视角与内容。"梨视频"作为资讯类短视频平台,给每位拍客成为"发言人"的机会,形成了梨视频专属的"众包模式"及报道的多元呈现。生产内容多元化并不仅仅局限于特定的平台,只要信源通过真实性查验,信息采集的渠道便得以扩展,更全面的内容获取成为可能。内容生产效率在用户生产内容和专业媒体工作者的基础上提升。除了用户自发成为内容采集贡献者,依托于大数据、物联网的传感器技术也捕捉到更多细节。

2.网络舆情监测变革

大数据时代下,网络舆论产生新特点,监控工作遭遇挑战,舆情分析质量有待提高。在智能媒介环境下,一改记者编辑的单一角度,云计算、物联网及大数据对舆论的"全景监狱"式的实时监控,能够快速准确地判断出当下的舆情热点,追踪舆情事件的发展,对用户行为和关注点的判断有利于协助发现具有价值的选题。不少舆论场的关注热点引爆于网络空间中的实时热点,而有效的监控使得内容选择获得明晰判断。

(二)内容加工:从单独主体到多维生产

媒介是人的延伸。智能媒介的使用在传媒领域解放了人力,改变了内容加工的单一主体模式,在技术与平台的合力中,展现多维生产方式,引发了传统传媒业内容处理流程、方式的变革。

1.多维技术加持

从写作机器人、媒体大脑到AI主播的上岗,技术手段对内容的生成和加工提供了不少便利和捷径。最早引发传媒业震荡的是写作机器人的投入使用。如新华社第一位机器人记者"快笔小新"上线之后,在体育和金融领域独当一面。第一财经的"DT稿王""张小明"等写作机器人的优异表现也使机器人写作声名大振。虽然对写作机器人质疑的声音时常出现,机器和价值观悖论也被学界所质疑,但不间断工作、自动发稿的优势让机器人成为行业内的常见助手。在环环相扣的内容生产升级,是技术对传媒业的整合更新。智能手段现阶段的能力将新闻工作者从枯燥信息处理中解放出来,做到了简单的数据收集整理、视频组接生成等。随着技术的更新进步,媒介的智能化将为内容生产提供更强有力的技术支持。智能媒介的应用并不是要将"人"这一主体排除在内容生产之外,而是要两者合作,互利共赢,产生"1+1>2"的效果。在未来的媒介进化进程中,生产走向深度、走向多维是开发者的追求,也是媒体的期待。

2.多维平台承载

除了"技术+人"的生产模式,平台化的产业更新也不可忽视。如果说中央厨房是人力机构方面的打通重组,那么在技术的加持下,"技术+平台"更是智媒环境下的媒介打通重组。媒体大脑的出现是大数据技术及人工智能技术的结合在新闻生产领域的有益尝试,媒体大脑借助传感器、数据搜集等技术进行内容的搜寻和整理,再通过互联网关联收集到的信息,以视频识别、语音识别等方式筛选相关内容,学习不同新闻稿件样式,利用算法对信息进行编排自动化生成新闻稿件,近期更是升级推出突发事件报道算法模型,有效助力媒体报道。可见技术承载在多维平台之上,能够促进媒体的深度融合,打出媒介生产"组合拳"。

(三)内容呈现:从单调表达到立体可视

在智能媒介语境下,传播内容的呈现方式获得更多可能,AR、VR、无人机航拍等新技术的加持,在传统基础上丰富了媒体产品的视听表达,缩短信息传达到用户的路径,减少了信息的消耗,使用户获得"沉浸式"的临场化感受。

1.创新呈现形式,强调亲近感

对于即将到来的场景化时代,任何媒体都不愿在核心要素场景的竞争中败下阵来。Vlog走红,受众对这一表达形式表现出极高的兴趣,传统媒体自然也不会错过这一风口。在2019年两会报道中,Vlog报道形式在旧产品中脱颖而出,微博话题#两会Vlog#阅读量达到了近七千万。《小姐姐的两会初体验》等两会相关Vlog都获得了高点击量和好评。Vlog的走红与其极富网感的特性相关,颠覆传统的严肃报道语态,用"第一人称视角"拉近与用户之间的距离,在场效应能够引发用户兴趣和情绪波动。

2.重视沉浸体验,凸显在场化

"沉浸"是拉近受众距离的重要方式,而智能媒介的发展为内容的沉浸表达提供技术支持。VR、AR等技术充分展现了丰富有趣的细节内容,加强了用户的体验感,同时不同的场景、视角的自主选择,同样也具有增强参与感的作用,创造出多维互动的可能性。

(四)内容分发:从单向判断到准确投递

传统媒体的内容分发方向是单箭头模式,即使不能断言传统媒体的分发方式不在意用户回馈,但是由于信息反馈的回收难度,造成单向分发是其主要特性,所以未能形成完整的互动闭环。人工智能技术不断走向成熟,基于位置、场景等因素的个性化推荐将日益普及,媒体将在通过手机及其他智能可穿戴设备等移动终端收集用户数据的基础上,根据用户所处的时间、地点、环境、生活习惯等进行观察与分析,为用户推送满足当前场景需求的个性化新闻内容。

1.技术加持,分发有道

算法和大数据对海量用户阅读行为和习惯进行抓取,分析数据后进行分发,利用高效率的信息生产和快速精准推送满足用户的阅读需求,随时根据用户行为变迁调整分发内容。用户每一秒处于不同的场景中,这也使得他们的信息需求与内容渴望会随着不同的场景而发生"秒变",从而开辟出无比广阔的智能媒体新市场。它要求我们对处于移动状态中的用户进行实时的、动态的、具有预测性的数据分析和计算，只有这样才能将最符合用户需求的媒介内容和信息服务个性化地、精准地匹配给用户。

2.硬件升级，精准反馈

除了技术的不断更新，可穿戴设备的研发，使数据采集的实时性和贴近性又向前跨越了一步。如小米手环、Apple Watch 和谷歌眼镜等产品，因其市场的扩大、消费群体的增多而让其在数据分析和行为反馈上具有了更强的普适性。在海量信息的"轰炸"下，用户阅读习惯倾向于碎片化，这让信息搜集的整体性难度增大。而可穿戴设备能够在不同场景、不同状态下对受众行为状态进行整合，加之这些设备因零距离贴近用户，所采集的数据对于个性化服务的定制具有重要意义，能够实现实时状态的精准探测，有助于新闻媒体对受众进行更为精准的细分。

二、智能媒介内容生产的反思及未来考量

智能媒介给媒介的内容生产机制带来了创造性的变化和升级，但在目前的媒介内容生产实践中，还存在着许多问题，对这些问题的考量不仅是对未来媒介融合发展的思考，也是对未来人们的信息接受及生活方式的思考。

(一)审视工具理性，回归内容价值

智能媒介的技术介入给媒介内容生产带来了更多的可能性，技术加持下，更多的产品形态有了实现的可能，H5、VR全景直播、虚拟直播间、混合现实等产品形态层出不穷，多样的技术呈现给我们带来了多样的视觉以及互动体验，但在媒介生产过程中，内容的呈现和传达仍是最重要的因

素,技术的多元带来的是内容呈现方式的多元,但最根本的是如何将内容与技术形态更好的融合,从而在技术工具的辅助下彰显更多内容价值。

首先,应当挖掘不同技术形态的内在逻辑和传播内核,有针对性地匹配其适合的内容,如VR在虚拟现实呈现,构建用户的沉浸感、在场感上尤为突出,因此对于VR技术的使用则更应该倾向于虚拟现实呈现上,未来VR技术的使用领域应当更加重视全景直播、虚拟在场互动等方面,同时辅助文字、图片等指向性符号,在满足用户多视角选择的前提下达到自身的传播效果。其次,内容呈现的逻辑性是更进一步促进内容与形态融合的重要因素,移动互联网时代,用户对于信息的接收往往是碎片化的,因此媒体生产的内容产品应当迅速抓住受众的吸引力,增强用户黏性,如对于技术呈现互动性较强的产品形态,在把握主题贴近性的基础上,在内容呈现逻辑设计与用户的每一次交互中,使用户主动参与、沉浸其中;而对于虚拟场景的呈现内容中,则更要注意将有代表性、典型性的画面前置,从而迅速抓住用户眼球,同时还应以细节场景辅助宏大场景使得虚拟场景更加真实可感。在应用新技术的生产实践中,要把握技术的内在逻辑,在不断的实践中总结经验,从而使产品的形态与内容有效融合。在今日俄罗斯的节目生产中,创新性地运用了"VR+虚拟直播间技术",同时结合特效及音效,在播报具体新闻时,演播厅中虚拟呈现报道中场景,动态与主持人进行互动,从而实现技术与内容的深度融合,使得用户在感受技术呈现的魅力的同时也更加深刻地理解了内容。在未来的内容生产中,应将技术与内容放在融合的视野中进行考量,而不是两套生产逻辑。

(二)内容适配场景,促进移动传播

场景作为媒体终端融合发展的重要因素,在智媒时代的内容生产中也应被重视。在未来技术的发展下,具体的现实空间与虚拟的抽象空间愈发融合,场景概念得到延伸,万物皆媒显现出其实际形态,将场景化的思维运用到内容生产之中的要求也愈发迫切。

场景不仅应包括具体的现实空间,还应包括构建的虚拟场景以及人的行为和人与人之间交往行为等情景,内容生产运用场景思维更利于满足用户移动化、个性化、私人化需求,从而传播移动化,信息随人走的未来媒介融合发展的设想。因此在内容生产中应将场景化思维运用到内容采集、呈现、分发的全过程,运用系统化的理念指导内容生产。

场景化的内容呈现要充分体现场景特征,基于这些特征,就要求媒介的内容生产首先是垂直化的,具有服务功能,具体场景化的信息需求通常是辅助用户在当下场景或未来场景下的行为需求的,因此用户个体行为的差异下要求内容生产更加垂直,挖掘某一特定场景中尽可能多的信息需求,从而提升内容生产精确性,满足用户多样的需求;其次在内容呈现样态上应当短小精悍,迅速抓取受众眼球,并且能够伴随性地呈现从而满足用户在不同场景中的需要。此外还应注意对于用户的在场感构建,内容生产在主题选择、语态、表现形式上都应当注意传播的对象感,无论是在现实场景还是虚拟场景都应当有意识地用内容的呈现构建用户的在场,使其获得沉浸体验。在内容分发上,需要基于前两个阶段对于用户的精准了解,运用算法推荐技术对用户进行精准的信息分发,为用户提供个性化的、服务①。

第三节 融媒体内容创新的着力点

任何内容生产均是以传播为目的,传统媒体的内容生产也需要以传播为标杆,并根据受众反馈不断进行修正和调整。而在融合背景下,媒体出现了移动化、平台化、智能化的新趋势,内容生产与传播、反馈等环节,已经难以分割,而用户参与度空前提高,某种程度上在全流程中起到至关重要的作用。这种局面下,作为主流媒体的融媒体就必须顺应传播大势,及时更新理念,从而全面带动内容生产的创新。

一、内容生产者由单一走向多元

在过去,内容的生产者局限为专业的媒体和新闻工作者,进行专业化、系统化的内容生产,内容生产者具有精英化的特点,由小部分人掌控新闻的生产与传播。而在互联网发达的今天,内容生产者已经不再仅仅是专业机构、专业媒体人,转为更加多元的主体。理论上任何一个人只要有手机,就可以进行内容生产与传播。也就是说,公众在融媒体中心上的角色,已经变为"传受复合体"。这种局面,对于

①俞曼琪. 智能媒介与媒介内容生产机制创新[J]. 卫星电视与宽带多媒体,2020(22).

融媒体的内容生产者也应当注重主体多元化,适应新闻传播的发展趋势。

(一)内容生产者更加多元

在新媒体迅速发展的大环境下,整个社会对于信息的需求更加多元、需求量也更大。这已经不是专业的机构和媒体人才所能满足的,而是需要 UGC(User Generated Content,用户原创内容)、MGC(Machine Generated Content,机器生产内容)等多元共存,共同生产内容。多元内容生产模式出现的同时也带来了很多质疑的声音,离开专业机构、媒体人的内容生产能否做到专业、真实? 但是事实证明,随着 UGC、OGC、MGC、PGC 在社会实践中的推动,其专业能力也在不断提升,成为信息和新闻汇聚、加工和传播的重要补充力量,他们的加入丰富了专业媒体的视野,开拓了优质内容生产的渠道,更重要的是为加速内容供给侧结构性改革提供了无限的动能。

(二)内容生产者职能发生转变

在过去,专业传播媒介和传播工作者,主要的职能就是生产内容,传递信息。但是在目前的内容生产与传播中,多元的内容生产者已经可以很好地完成这些工作,且生产的内容量更大、速度更快、内容更多元。

在这样的环境下,专业媒体、工作者生产与传播的内容数量相对减少。但是,它在内容的生产与传播中仍然扮演着十分重要的角色。只不过这个角色发生了转变,由过去的内容传播者变成了高级的内容筛选者。除了对内容进行生产与传播,还要对海量的内容进行筛选。在把关的基础上,集中精力进行深度创作、精度提升,并进行更高效的内容传播。

(三)用户思维引领内容生产模式多元共存

用户思维是互联网时代最核心的思维。通俗地来讲,就是一切以用户为核心,重视用户的喜好、需求和用户体验,考虑问题也是立足于用户的角度,通过各种互动手段与用户增强互动、提升用户的获得感、归属感,让用户在使用产品中有很好的体验感,从而实现吸引用户、留住用户,最终基于用户的基础上创造价值。

在用户思维的引领下,媒体生产的内容、表达的温度和风格也有很大的提升。在内容传播方面也提供了社交、娱乐等多种服务功能。对于融媒体来说,用户思维的引领主要体现在两方面:

首先,想要吸引、留住用户,积累用户资源,则要时刻关注和掌握用户的爱好、需求,提升用户体验,了解用户的所思所想。而这些目标的实现,则需要大数据技术来支撑。省级融媒体中心应当利用大数据技术对用户数据进行分析和处理,完成用户画像,然后根据用户多样化、个性化的需求,进行与用户相关性高的个性化推送。

其次,随着新媒体的发展,每个人都享有话语权。此时的受众已经不再是单一的信息接收者,而是"传受复合体"。也正因为受众参与到信息的传播过程中去,使得用户更具有主动性和选择性。所以,省级融媒体中心也应当尊重用户本身进行内容生产的权利,为用户提供多元的内容生产渠道和工具,可以在平台上自如地进行内容创作。

二、内容生产涵盖全资讯汇聚多功能

随着时代的发展,同时人们对信息的需求量也在不断增加,所以,融媒体作为这样一个新型内容生产的平台,内容要涵盖全资讯、汇聚多种功能,不但要满足用户对于信息的需求,更要满足用户在娱乐、社交、生产生活等多方面的需求。

(一)内容视野拓宽以全资讯视角生产泛内容产品

随着时代的发展,我们已经进入了全媒体时代,在这个时代,不论是媒体格局还是传播方式都发生了很大的改变,但是内容依然是用户对媒体的核心要求。

融媒体中心的内容要融汇各种资讯,进行全媒体传播。一方面要融汇各种资讯,将各种信息资源汇聚到融媒体中心;另一方面,生产的内容应该是泛内容,顺应全媒体时代特征,走网上群众路线,满足用户的多种需求。

(二)内容生产融汇多种功能

融媒体中心的内容生产应当不仅仅是新闻、资讯传播,领域还应该拓宽,应该具有"政务""商务""服务""娱乐""数据智库"等多种功能。

作为权威平台,具有公信力是融媒体中心的一大优势,想要争取用户,打造强势舆论平台,就更需要加强政务传播,加强服务性,就必须具有政务传播、公共服务等多种功能。如今许多融媒体中心都开设了政务传播的版块,比如"长江云"2016年开发的"长江云·云上大冶"移动政务新媒体平台,让用户网上办事成为了现实,而"冀云""津云"等融媒体中心也开设了"问政"版面,为用户网上求助提供了端口,打造"新闻+政务+服务"的综合性省级新媒体平台。

2018年2月,《南方都市报》成立了大数据研究院,并且在深圳成立了深圳大件事新媒体研究院,探索智库与媒体怎样实现融合共生。大数据研究院在很短的时间内,完成了内容智库化、传播智能化的转型,到2020年实现了收入超亿元的目标。南都的探索,对如何实现内容资源智库化、传播智能化,都是可借鉴的宝贵经验。

三、对新技术保持敏感为内容生产作支撑

融媒体中心要为所覆盖全区域的内容生产与传播提供技术支撑,拓宽融媒体内容生产的触角。随着5G、大数据等新技术的发展,原有的传播方式发生了很大的改变,受众获取信息也不再仅仅是"见报"或是从收音机、电视等传统媒体获取,可以通过电脑、手机等媒介随时随地浏览自己想看的内容,传播模式的改变让新时代的信息传播变得更为高效、便捷。

对于融媒体来说,要想实现信息的深度和精准传播,就要对新技术保持高度敏感。通过5G技术,融媒体中心不仅可以实现新闻采编流程的优化,还可以通过VR、AR技术为用户带来物联网虚拟场景,提升用户的体验感;借助大数据分析与处理能力,融媒体中心可以实现个性化推送与精准传播;通过人工智能技术,融媒体中心可以实现智能主播播报新闻、智能机器人写作新闻,提升新闻生产的效率、准确率。所以,融媒体中心应当重视新技术在内容生产与传播过程中的整合与运用,加快推进核心技术的整合与创新,为内容生产起到支撑作用。

四、重视内容生产的人才吸引与培养

媒体的核心竞争力是人,实现融合发展的关键是人才。《媒体融合的芒果实践报告》中曾提到对于新老媒体来说,好的内容永远是核心驱动力,没有人才作为依托,没有自身独有的内容,就很容易丧失主导权。所以,对于融媒体中心来说,想要生产好的内容就必然要发挥人才的重要作用。只有拥有人才,才能保障融媒体中心高质量的内容生产,才能掌控主导权[①]。

一方面,"人才"培养与"社会需求"紧密结合,融媒体时代带来了理念和模式创新的同时,也促使媒体行业对人才的需求发生了巨大的变化。融媒体中心作为大平台,要重视人才的吸引与培养。实现融媒体中心的内容生产创新,人才是必不可少的关键。而融媒体中心,应当作为一个人才汇聚平台,具有汇聚人才、吸引人才的功能,融媒体中心更要有留住人才、培养人才的能力。

另一方面,在人员的绩效评估与考核制度等方面也要创新改革。要创新人员考核管理和人才激励机制,建立公开公正的晋升和薪酬分配制度,尊重原则性的同时,也要结合灵活性。要吸引人才、留住人才,为融媒体中心内容生产提供足够的人才供给。

通过重视人才吸引与培养、改革人员评估与考核两方面的合力攻坚,才能为融媒体中心的内容生产提供不竭动力源泉[②]。

---

① 吕焕斌. 媒体融合的芒果实践报告[M]. 北京:中信出版集团,2019.
② 曹秦雨. 省级融媒体中心内容生产创新研究[D]. 石家庄:河北师范大学,2021.

第五章 基于技术创新的融媒体深度发展路径

第一节 技术创新推动融媒体深度发展

一、基于融媒体背景下的媒体技术创新

对媒体技术的改革、创新和发展,可以从20世纪80年代初说起。在不断优化与创新通信技术和素质技术的过程中,从根本上改变媒体信息内容的媒体准备和媒体信息产品的制作与印制、组织与管理以及应用和体验,进一步深化媒体技术内涵,并有效外延、拓展媒体技术。从根本上而言,创新媒体技术的主要原因有技术和需求两个方面。需求因素主要是随着社会经济的快速发展,人民生活水平的提高,社会各个阶层对媒体信息的需求越来越多元化、实时化、体验化、生活化和大众化。而技术因素主要是以 XML、PDF、Postscript 为基础,不断完善和更新页面描述语言,使其能够更加灵活地描述媒体信息,并且逐渐提高和优化其应用性能及便利性,其次研发能够准确、快速、有效处理各种复杂图像、图形和文字的计算机软件程序,最后广泛使用价格较为合理、成像方法较为多样且能够满足工业生产要求速度的数字化设备(如扫描仪等),给予高质量生产以高性

价比、全数字化的设备支撑。现阶段,分析媒体技术的创新可以从以下几个方面着手:

(一)音频技术

基于融媒体信息新时代背景下,音频压缩技术可以有效体现音频技术的创新与发展。先进、新型的音频压缩技术主要采用MPEG语音压缩法,通过六倍压缩收录的音频,将正文压缩、转变为语音后播放。与此同时,在音频技术中的语音识别技术发展仍不成熟,具有较为广阔的发展前景。在音频技术中合理运用语音识别技术,能够使媒体信息传播更加准确、功能更加完善,从而更好推动媒体技术的健康、有序发展。

(二)视频技术

作为媒体技术中的重要组成部分,视频技术较音频技术而言,虽起步和发展时间较晚,但却拥有较为广泛的应用范围。基于融媒体信息新时代背景下,媒体技术发展和创新空间增大,应用视频技术的范围也在不断增大,MPEG压缩技术与视频技术有机结合的媒体信息产品已经开始渗透在人们的日常生活中。随着科学技术和社会经济的不断发展,人们可以以计算机为载体,通过采取视频技术手段,将抽象、虚拟的视频信号转化为数字信号,以便计算机识别和处理,并进一步将其转化为能够在多媒体上显示的视频信号。目前,Y:U:V4:2:2以及Y:U:V4:1:1为视频技术的基本采样格式,前者应用较为广泛,能够有效提高画面整体的色度信号与稳定性,从而使多媒体呈现出的视频图像更加清晰。

（三）图片压缩技术

随着融媒体市场的不断发展与壮大,媒体技术中的图片压缩技术也在不断改革和创新。当前,MJPEG、JPEG技术为应用图片压缩技术的两个主要标准。在压缩处理静态图像时,往往采用JPEG技术。JPEG技术主要包括基于哈夫曼编码和离散余弦变换(即DTC)的有失真算法和基于空间线性预测(即DPCM)技术的无失真算法两种,其中,DCT算法普遍应用在图像压缩处理技术中。在进行视频压缩时,MJPEG技术通过依据二十五帧每秒的速度,并合理应用JPEG算法,从而使图像的压缩比例得以提高,更好实现对动态视频的压缩与应用。

二、融媒体环境下媒体技术的发展策略

（一）构建媒体技术理论新范式

随着时代的不断进步与发展,科学技术水平的不断提升,未来媒体技术将会不断改变和创新媒体信息传播、表达和应用方式,融合更多科学技术、学科理论与方法,并构建以"媒体产品融媒体化、媒体传播网络化、媒体信息数字化"为标志的、全新的媒体技术理论新范式,并有机融合电子媒体、纸质媒体等媒体组织基本要素,不断推出更加新颖、有趣、富有价值的媒体产品,丰富人们的应用感受和情感体验,从而构建更加多元、生动的媒体技术理论新范式。总的来说,在构建全新的媒体技术新理论范式时,可以从以下几个方面着手:

第一,是以纸介质为主要信息载体,合理应用相关媒体技术手段信息化处理图形、图像、文字等,使其更好转化为

能够呈现在相关传播介质上的数字化信息,从而实现对数字媒体、电子媒体等重要转移理论的应用。第二,是以光磁介质为主要媒介,加工处理数字化的图形、图像、音频和文字等,应用和储存大容量的数字化信息,从而更好实现纸质媒体与数字媒体信息之间的转换。第三,是通过借助移动互联网媒体,有机处理和传播有关的图文、数字信息,增强各媒体之间的交流与联系,是有效扩大各类媒体信息传播与表达范围的方法与理论。第四,是通过组织管理媒体数字内容、丰富内容服务,不断提高其商业价值,呈现出一种先进、完善的商业模式,以更好满足媒体技术创新的需求。

（二）创造全新的媒体技术应用方式

通过不断创新和发展媒体技术,结合社会经济发展和融媒体应用实际需求,可以创造以"多平台交互应用、同心圆协同作业、多元异构数据融合、多渠道应用增值"为标志的未来媒体技术应用新方式,既能有效保证纸质媒体内容与形式相统一的特征和优势,又能解决媒体信息应用交互性的短板,进一步对媒体信息的价值链和产品链进行延伸。创造媒体技术应用新方式可以从以下几个方面着手:第一,通过以移动互联平台、大数据、云计算为载体,建立全数字化的媒体信息生产流程,有效解决不同需求、不同区域的数据信息采集与汇编,并以此为基础,建立完善、先进的媒体信息资源与数据库,有效保证信息通讯的可靠性和高效性。第二,通过合理运用 AR、VR 等技术,虚构一个媒体信息产品从设计、生产、制造到应用的工作体系,重新编创与制作融媒体的内容与信息,从而创造出全新的协同作业与应用方式,更好解决协同工作中存在的难题。第三,合理利用结构化、跨平台的 XML、PDF、HTML 等数据,更好表达媒体信息,实现媒体信息资源管理的高效率、低成本,进一步彰显其应用价值,呈现全新的新媒体运用方式,从而逐渐形成全数字、高增值的产品制造链,不断提高媒体信息服务的质量与价值。

(三)加大对媒体技术复合人才的培育力度

随着时代的不断进步与发展,新媒体技术衍生出许多新的应用方式和需求,融媒体市场竞争激烈。在不断发展和创新媒体技术的过程中,应该不断学习和吸取各媒体的长处和优点,提高自身理论与技术认知,凝聚自身资源优势,招贤纳士,积极引进优秀才俊,加大对复合型媒体技术人才的培养力度,打造以"理论与技术知识并重、文化与艺术素养兼备、服务与体验协同推进、形式技术与内容贯通"为主要标志的媒体技术复合型人才培养模式。为有效缓解媒体行业在创新和发展媒体技术过程中人才队伍匮乏的现象,各大广播电视台可以从以下几个方面着手:首先,应该适当提高媒体技术工作人员的薪资待遇条件,从而更好吸引高素质、高水平、高能力的传媒专业毕业生。高校传媒专业毕业生往往具备较为扎实的理论知识基础,且学习能力较强,经过较为系统的岗前培训,就能很好适应相关工作要求;其次,应该加大对在职人员的培训力度,主要针对行业前沿技术、行业专业素质等内容开展,从而不断提高在职媒体工作人员的工作能力和综合素质。

总而言之,在当前融媒体信息新时代背景下,媒体技术获得了更多的发展机遇与挑战。要想不被时代浪潮所淘汰,只有不断发展和创新媒体技术,保证媒体技术的功能丰富、性能优良、技术先进,才能更好推进媒体技术行业的进步与发展,满足社会经济和文化发展对媒体多样化的需求①。

第二节　大数据云平台建设与融媒体深度发展

一、大数据应用与媒体融合

2015年8月19日,国务院常务会议讨论并通过了《关于促进大数据发展的行动纲要》,对消除信息孤岛、支持大数据产业发展、强化信息安全等提出了明确要求。大数据是以容量大、类型多、应用价值高为主要特征的数据集合,正快速发展为对数量巨大、来源分散、格式多样的数据进行采集、存储和关联分析,从中发现新知识、创造新价值、提升新能力的新一代信息技术和服务业态。

移动互联网推动消费模式共享化、设备智能化和场景多元化。移动互联网的高速发展,产生大量的关于人、设备、位置、行为等相关数据,进一步推动了大数据的产生和应用。在大数据和移动互联网高速发展的今天,新闻出版行业的传播体系发生了本质的改变,传播渠道的多元化、移动化和读者用户的习惯变化,使得信息源和受众之间的角色逐渐模糊,媒体作为信息源,在发布信息的同时,通过和受众的互动,本身也成了信息的接受者;受众在一定意义上也成为信息源。

---

①徐琪媛、李彦明.融媒体环境下媒体技术的创新应用发展[J].卫星电视与宽带多媒体,2020(12).

因此,如何有效利用大数据做好互联网大数据的热点汇聚以支持选题研判和决策、如何在海量资源中发现辅助媒体创作更有价值的报道内容、如何重构与用户的有效连接、如何正确引导舆论的导向等,这些需求和任务都要求基于大数据环覆盖新闻生产全流程的业务场景。

二、互联网大数据为融媒体全流程闭环提供支撑

大数据深刻改变着人们的生活生产方式。大数据可以告诉我们个人行为习惯、企业发展趋势、城市交通现状、人口组成变化等,在庞大的社会资源面前,大数据几乎可以被运用到任何一个行业和领域。整个大数据里面最重要的东西就是这个数据的闭环到底是不是完整的。识辨和关联很重要,数据不关联是没有力量的,不关联就无法产出它的价值。但是要让大数据真正做到有价值,并不是件容易的事,从布点、收集、存储、刷新、识辨、关联、挖掘、决策、行动、再到反馈,这样一个闭环,才能让数据驱动业务。

新闻出版行业在媒体融合过程中,将大数据技术、非结构化数据处理和融媒体业务场景相结合,形成基于大数据的融媒体全流程闭环业务应用场景。新闻报道的素材源头来源于互联网热点、来源于读者用户提供的线索,经过大数据聚合后,为报社提供新闻选题策划辅助决策使用;记者根据选题策划和采前会的安排,形成适合不同传播渠道和载体的多篇稿件;经过初审把关环节后,根据不同稿件类型再进行选用分发、推送;根据不同的传播渠道和载体,进行有针对性的精编、签发等环节,最终通过多渠道发布成不同形

态的产品在互联网上传播;读者用户通过各种渠道阅读后,会产生诸如点击、浏览、评论等动作和行为,同行媒体则进行转载、引用等动作;经过一段时间的传播后,通过互联网大数据的聚合,可以收集到每篇稿件在互联网传播的各种可以量化的动作、时间等维度信息量,这些来自于互联网大数据的反馈信息,一方面用于指导新闻的策、采、编、发各环节,另一方面用来作为绩效考核的基础数据,再通过多维度多层次的权重考核系统处理后,可以生成绩效考核数据。

三、基于大数据的融媒体全流程闭环中央厨房指挥调度系统的规划设计

党中央作出推动媒体融合发展重大决策以来,坚定不移推进传统媒体和新兴媒体深度融合,尽快从相"加"阶段迈向相"融"阶段,实现融为一体、合而为一,不断提高新闻舆论传播力、引导力、影响力、公信力。推进媒体深度融合,要重点突破采编发流程再造这个关键环节,以"中央厨房"即融媒体中心建设为龙头,确立移动优先战略,创新移动新闻产品,打造移动传播矩阵。

通过将大数据闭环应用于融媒体全流程的业务场景,搭建基于大数据聚合的融媒体全流程闭环中央厨房指挥调度系统,可以有效提高融媒体中心指挥报道的能力,使工作更有效、相融更深入、传播更精准。

通过大数据聚合与智能分析完成融媒体全流程闭环的业务场景全覆盖和应用,实现报社策、采、编、发、传播评估等环节全流程、全渠道的覆盖。结合新闻出版单位的实际情况,以现有各产品发布系统为基础,新建热点发现及稿源

系统、统一融媒体资源管理系统、指挥调度系统、传播分析与考核评价系统,与原有的各产品发布系统相融合,并提供支持新媒体的各种工具集,形成系统架构关系。

平台包含的五个系统的功能定位如下:

新闻热点发现及来稿系统:实现基于互联网的热点、重点关注点的自动收集汇聚及智能分析推荐,可形成新闻线索、素材和外部稿源;

全媒体内容资源管理系统:整合所有稿件采写和编审流程,实现全媒体稿件内容的统一管理和流程跟踪;

指挥调度系统:包含中央厨房的集中展示和基于LBS的调度指挥中心;用于全程管控线索、策、采、编、发、传播评估等全环节;

产品发布及工具集:系统提供针对网站和App的CMS,针对微信、微博的托管和内容发布系统;专业视频管理系统和H5制作等工具;

传播分析与考评系统:实现稿件在互联网传播力分析和数据统计处理,以及业绩和效果考评。

通过以上五个系统沉淀下来的媒体内容资源数据和用户数据,是新闻出版单位的资产,可以用来做增值服务和精准推送和营销,如版权运营、定制印刷、大数据舆情服务、舆情分析报告等。

四、构建私有云与 SaaS、DaaS 相融合的混合云服务体系

结合新闻出版行业的特点和业务规则,可以构建保证出版安全的内部私有云服务架构。在平台规划的五个系统

中,互联网热点和传播力分析可以采用公有云的 SaaS 和 DaaS 服务;全媒体内容资源管理系统、指挥调度系统、产品发布工具这三个系统比较适合在内部私有云部署;其中全媒体内容资源管理系统的采集初审子系统、指挥调度系统、新媒体发布子系统也可以采用基于公有云的 SaaS 服务。

互联网热点发现和传播力分析两个子系统均是通过互联网获取全网的大数据基础上,进行聚合、定位后,再提供基于界面展示的业务功能和以接口形式提供有效数据。由于互联网抓取数据、存储、聚合分析等过程非常耗费诸如带宽、主机计算、存储等资源,所需成本很高,这部分数据对绝大部分报社用户都是一样的。因此如果将这部分通过软件即服务的方式(SaaS)和数据即服务(DaaS)的方式导入直接使用,既可以节省大量成本,还能快速实现功能和系统部署,避免社会资源的浪费。

全媒体内容资源管理系统、指挥调度系统和产品发布工具集等三个部分既可以通过公有云以 SaaS 方式提供服务,也可以在报社内部的私有云上部署,通过混合云方式实现整体的全流程覆盖。

五、创新点及优势分析

在系统的规划设计实现过程中涉及的创新点包括大数据聚合与智能分析、融媒体全流程闭环、基于 SaaS 的融媒体云服务、融媒体中央厨房指挥调度、以主题或事件为中心的信息资源多维度标引等技术。

第一,通过大数据聚合与智能分析,提供智能新闻选题推荐,为新闻选题策划提供辅助决策依据,及时调整采访、报道角度,为融媒体全流程提供支撑,为媒体间互相链接、推荐提供支撑;同时输出包括舆情报告、传播评估报告等多种形态的产品。

第二,融媒体全流程闭环,从互联网热点发现和线索开始,覆盖稿件策、采、编、发全流程各环节,实时收集多渠道传播反馈信息,通过大数据聚合分析后,一方面将生成的传播评估报告反馈到策、采、发等环节,辅助策划和报告,另一方面用于绩效考核。

第三,基于SaaS的融媒体云服务模式,采用基于大数据和SaaS的融媒体采编云服务模式,可以降低报社导入媒体融合的一次性构建成本,减少包括机房、设备、系统等一次性投入;降低日常运营维护的人员、能源等成本;易组合——方便根据报社实际情况选用所需的系统及服务进行融合。

第四,融媒体中央厨房指挥调度,以融媒体指挥调度中心为核心的中央厨房,贯穿覆盖新闻生产和传播的全流程,通过融媒体指挥调度中心既可以发现热点和线索,也可以随时调整选题和策划;通过LBS位置服务可以实时发现指定位置的记者,并通过音视频进行连线指挥报道;还可以实时监控各渠道和产品的传播效果,进行动态的调度。

第五,以主题或事件为中心的信息资源多维度标引技术。信息处理涉及信息的标识、存储、传播、检索、利用等各个方面,如何更好利用资源信息,在于以主题或事件为核心,通过对资源的多维度标引,从而达到以主题或事件为核心的多维度关联。

随着移动互联网、大数据、虚拟化、云计算等新技术不断渗透到社会生活的方方面面,新闻出版行业为了进一步增加与受众用户的黏度,也应该积极引进并通过这些新技术,搭建基于大数据的全媒体全流程闭环系统,覆盖策、采、编、发、传播分析、考核评价等环节,不断提高新闻报道指挥的综合能力,壮大自身的影响力,提高传播能力[①]。

第三节　人工智能技术与融媒体深度发展

人工智能技术在新闻媒体行业的应用,正深刻影响着新闻媒体的信息生产模式和传播模式,新兴媒体与传统媒体的融合、人工智能技术应用已经成为融媒体时代的必然,新闻媒体都应跟上时代发展步伐。

一、人工智能技术在融媒体时代的应用

近几年,人工智能在媒体融合的大潮中应用越来越广泛,2017年12月26日,新华社发布中国首个媒体人工智能平台"媒体大脑",它包括了2410(智能媒体生产平台)、新闻分发、采蜜、版权监测、人脸核查、用户画像、智能会话、语音合成八个功能,覆盖从线索、策划、采访、生产、分发、反馈等全新闻链路。这代表着新华社在探索媒体智能化这一方向上迈出了重要一步。

(一)机器人新闻写作和视频新闻的智能化生产

针对拥有固定格式的新闻资讯,借助智能机器人进行新闻写作,能够实现瞬间反应、迅捷生成,有效弥补了传统媒体在这类新闻资讯写作方面存在的弊端,短时间内就可

---

①李洪波,张春祥,钱昆. 基于大数据的融媒体全流程闭环云服务平台的设计实践[J]. 传媒与发展·研究,2017(49).

以实现对大量数据的快速处理,而且可以大大降低数据处理过程中的差错率。智能机器人进行新闻写作的核心是基于人工智能技术基础之上的,依赖于采集与存储了海量数据信息的庞大数据库。在撰写新闻稿件的时候,智能机器人会先将满足新闻主题需要的相关原始数据信息从数据库的海量信息中找出来,然后再对这些原始数据进行一系列的结构化处理,从而重新排列组合这些数据信息,使最终形成的结构化数据质量更高,最后再通过对已经设定好的固定新闻模板的套用,使撰写好的新闻稿件以文本形式呈现出来。拥有固定格式的新闻咨询往往报道风格单一,内容单调枯燥,但是对报道速度和报道内容中数据的准确性有着极高要求,比如天气预报、财经证券、体育赛事、领导人公共活动等方面的新闻,利用智能机器人进行写作,有着非常明显的优势。比如2015年11月7日,新华社正式运行的机器人写稿系统——"快笔小新",借助智能技术手段与采编业务的深度融合,可以很快地完成财经信息、体育赛事等方面新闻信息的快速自动撰写,2017年8月14日"中国地震台网"公众号发布了一篇由机器人花了二十五秒自动编写的地震消息,这是灾害报道的应用。新华社的媒体人工智能平台,既"媒体大脑"的智能媒体生产平台、采蜜、智能会话、语音合成等功能,为记者采访、新闻生产提供了智能化的工具,2018年3月2日,新华社发布了一篇消息,新华社媒体大脑从五亿网页中梳理出两会舆情热词,生产发布了全球首条关于两会内容的MGC(机器生产内容)视频新闻——《2018两会MGC舆情热点》,同时也创造了新媒体之最。2018年俄罗斯世界杯期间,新华社媒体大脑的视频节目也让人耳目一新。

机器人写稿与新闻智能化生产,在短消息、突发新闻报道,以及海量数据新闻方面有着一定优势,不仅有着极高的效率,而且错误率也很低。

(二)智能版权监测

人工智能技术还能用于新闻稿件的版权监测,基于大数据积累、数据挖掘、图像识别、数据比对、计算能力以及深度学习技术、在全网监测新闻稿件的传播及转载情况,实现对转载媒体以及稿件修改行为的快速识别,并实时生成相应的版权监测报告。比如新华社就曾利用人工智能技术对2017年10月14日至28日播发的与十九大直接相关的中文文图稿件进行了全网监测、精准比对和模块化分析。最终数据显示,新华社播发的五百二十八篇文字稿件和八百四十七张图片稿件被五万五千六百零三家传播平台转载,转载次数总计九十一万两千五百四十次。全网违规、侵权使用新华社十九大报道的平台数量多达五万家,且侵权形式多样,主要表现在:未注明稿件来源;修改标题、标题党;不恰当修改报道正文;未经授权许可擅自转载;超授权范围使用等。新华社媒体大脑进一步实现了版权监测。

(三)内容个性化推荐

在融媒体时代背景下,新闻媒体的关注点已经发生了重大转变,从纯粹的生产新闻内容,变成了对用户、入口、变现等问题予以更多考虑;从以前的一对众的信息分发方式到现在结构化、网络化的传播机制,甚至出现了与新闻聊天机器人一起交互传播的情况。可以说,这些的实现都依赖于智能技术的应用。智能技术,帮助新闻媒体快速识别信息触达,更能提高用户黏性,实现新闻内容的个性化推荐。借助智能技术可以识别虚假新闻,敏感词,有利于促进新闻内容质量和传播效率的显著提高。未来人工智能技术在新闻媒体行业的应用,可以向着打造用户沉淀平台。活动的开展,保证用户的黏性,并实现用户信息需求的规范化与通过智能化、个性化信息与数据服务,为用户打造特别的新闻阅读体验,提高用户的参与度与满意度。如《今日头条》就以智能技术为壁垒,以海量数据为依托,通过机器学习感知、理解、判断用户的行为特征,通过在 App 的滑动、搜索、查询、点击、收藏、评论、分享等动作,综合用户具体的环境特征与社交属、性判断用户的兴趣爱好,推荐个性化的新闻资讯,塑造千人千面的阅读场景。新华社媒体大脑的用户画像等功能也实现了智能化阅读。

(四)延伸阅读体验

新媒体可以借助链接技术,实现对时间、地点、事件或物体的联系,但是倘若新闻内容在一些具体情境中的各种复杂信息都交织在一起,并且这些信息还处于不断更新之中,那么就只能借助人工智能技术来应对这些复杂场面,顺利将相关信息连接起来,用户在阅读新闻信息的过程中,如果对新闻内容中所提及到的人、事、物不了解,只需要点击相应的内容,智能技术就可以帮助用户将这些信息的相关信息呈现出来,从而帮助用户实现延伸阅读,增强用户的阅读体验。

二、人工智能促进融媒体的发展

人工智能技术促进了融媒体的发展,从人工智能技术在融媒体时代的应用,在新闻媒体的发展中的将发挥越来越重要的作用。人工智能云计算技术,在新闻收录、新闻自动拆条等方面开始应用,比如,新奥特的"天行云"媒体服务平台为中国移动等网络服务商提供数据处理,进行新闻核查,智能拆分,并在新闻媒资的编目方面开始探索,有望实现媒资编目的智能化,初级编目由机器人完成。人工智能技术领域的自动推理,在未来一段时间将可能有较大的突破,用于新闻媒体行业。人工智能技术中的深度学习,通过构建大规模的神经网络,搜集海量的信息资源,经过训练后的神经网络可以在语音识别、图像识别、自然语言处理等领域有着很出色的表现,这些对于新闻媒体行业的发展都能够起到很好的促进作用。

总而言之,融媒体时代的到来,不仅读者的阅读习惯、阅读模式发生了改变,同时也使各个新闻媒体面临着巨大的冲击和挑战,各个新闻媒体如果不积极采取相应措施主动应变,单纯依靠固有优势是很难守住新闻传播领域的固有阵地。因此在融媒体时代背景下,各个新闻媒体应当深刻认识到人工智能技术对于自身发展的重要作用,积极探索和实践更好地利用人工智能技术的对策与途径,相信只要能够对人工智能技术加以有效应用,必定能够开辟出一个发展新天地,进一步提高新闻媒体的影响力,让新闻媒体更好地为更多有需要的读者和受众服务。而对于未来的新闻媒体工作者而言,他不需要成为人工智能专家,但要想成为优秀的媒体人,就必须知道要怎样运用人工智能来更好地服务于自己的工作[1]。

---

[1]杜巧霞.人工智能在融媒体时代的应用与发展[J].传播力研究,2018(17).

第六章 基于新型传播平台构建的融媒体深度发展路径

第一节 主流媒体传播平台类型分析

一、专业化媒体主导的新闻生产平台

专业化媒体主导的新闻生产平台指的是由专业化的新闻媒体开发而成的新闻传播平台,新闻来源与输出渠道基本为合作媒体机构,常局限于其内部传播体系中的矩阵产品。依托原有成熟的信息采集系统中丰富而有深度的内容资源,进行专业化的新闻生产,有效弥补了移动终端由于移动性和屏幕制约而造成的内容深度缺失问题[①]。传统媒体主导的新闻生产以往常以权威、专业、原创取胜,如今的新闻传播平台则在开放性的前提下将聚合特征纳入其中,由媒体开放内容生产、加工和管理系统,平台的技术工具和数据服务助力合作媒体在线进行新闻信息的即采、即传、即审、即发,打破媒体各自为政的局面,以全面、权威、聚合的专业化信息汇聚海量用户,建立内容与用户的数据库,形成能量交互的专业化新闻传播平台。

新华社新闻生产系统在吸纳互联网众多诸如开放性、

---

①宫承波.新媒体概论[M].北京:中国广播电视出版社,2016:84-85.

交互性、聚合性等优势的同时,创造性地将智能化新闻生产纳入新闻生产系统。以产品之一"现场云"为例,其作为新闻直播平台实现了新闻生产、传播与审核的一键式生成。"现场云"的多边客户群体目前已经囊括将近三千家媒体和党政机构。2018年发布的"MAGIC"组合机器生产与人工智能,依据媒体大脑的智能价值判断、智能标签整合能力,批量生产新闻视频。现今,诸如现场云、MAGIC等多边平台产品成为新华社新闻生产系统联结并服务媒体客户的基础性资源①。新华社新闻生产系统各个子产品严丝合缝地将新闻传播平台的专业功能和媒体服务整合在一起,在优化多边新闻产品的过程中,"现场云"从移动端直播工具方面升级新闻在线生产,"通讯员在线管理子系统"从生产者方面协同记者、通讯员在同一平台和流程中进行信息的流动生产。从人工智能到人机协作,新华社新闻生产系统集消息源、内容生产者、传播者等身份于一体,作为新闻生产的智联平台将推动媒体的智能转型和采编升级,推动专业化媒体从离线生产到万物皆媒,从单独作业走向协同生产。

"新华社新闻生产系统"的发展启示原有新闻采编体系及智能化技术开发的重要性,较于传统意义上的技术引入,专业化媒体主导的新闻生产平台革新的并不仅仅是时间、空间及呈现形式上的优势,而是架构在大数据和智能技术基础之上的深层次变革,以技术为创新点,向媒体和自媒体开放新闻生产全流程,提供全方位的数据服务和加工组件,

①新华网.新华社"现场云与媒体大脑"智能生产平台参与进博会报道[EB/OL].(2018-11-08)[2023-02-06].
https://www.xinhuanet.com/politics/2018-11/08/c_1123685998.htm.

完善用户数据库。同时,专业化媒体的公信力和品牌价值由来已久,专业化媒体主导的新闻生产平台秉承精神,坚持内容为王的根本,坚持生产彰显"四力"的优质内容,竭力构建技术要素驱动的主流媒体平台,在互联网的浪潮中深入融合,推动深层次改革,以系统、全面、深度等优势裹挟而入,边守卫疆土,边开启新路。

二、技术要素主导的新闻聚合平台

较于专业化媒体主导的新闻生产平台而言,技术要素主导的新闻聚合平台往往无直接的媒体依托,通过技术手段完成内容的聚合与输出,大数据挖掘用户信息,算法定制个性化新闻,在大规模信息的聚合与分发中,实现兴趣基础上的用户精准到达。通俗来说,技术要素主导的新闻聚合平台指的是以大数据、算法等技术聚合各新闻来源信息,以某单一前台为依托而集中呈现的技术架构。其中,典型代表非今日头条莫属,"你关心的,才是头条"为今日头条的定位及宗旨,面对洪流般的信息涌入,互联网时代的信息有效检索成为受众聚焦的问题。根据 QuestMobile 的统计显示,截至 2018 年上半年,今日头条的月度人均使用时间接近一千分钟,仅次于微信。今日头条的日开机启动次数以及七日留存次数,都是整个互联网行业中最好的。之所以能从一众新闻类客户端中成功突围,一方面在于其对于 UGC(User-generated Content)用户生产内容及 PGC(Professionally-generated Content)专业生产内容的综合运用,另一方面则得益于大数据时代算法推荐机制的全面运用。

今日头条依据用户原有的社交媒体身份数据及当下的使用习惯等信息推算出用户的兴趣偏好,从而形成用户阅读与信息供给的闭环模式。在具体的界面架构中,"首页""西瓜视频""小视频""我的"四部分作为主功能菜单,显然,视频已经成为今日头条的主打领域,在拆分与重组中,如"西瓜视频""悟空问答"等品牌已经成为独树一帜的 App。与此同时,"搜索"与"推荐"作为人与信息直接联结的两大端口,在运营中占据重要地位。近期,在今日头条的更新版本中,个人收益相关栏目被调至醒目位置,这也是2018年兴起的新闻资讯媒体裂变营销新路径,通过奖励阅读和奖励分享的方式对用户阅读进行利益激励,增加用户数量、延长在线时间、培养用户长效的阅读兴趣等。

2018年初,今日头条资深算法建构师曹欢欢博士在对算法原理的解读中,将内容、用户特征及环境特征作为输入变量,点击率、评论等数据设计为量化指标,综合相关性特征、环境特征、热度特征及协同特征斟酌推荐信息。在信息数据到达用户之前,依据停留时间长短过滤噪声,降权处理热点周边行为,偏向时间线上更新的行为,降权未被点击的推荐新闻特征,与此同时,综合考虑推送内容的合理性和需求程度。用户到达后的发生行为也会以数据流的形式反馈至数据库,提交至个性化的用户标签。在整个闭环中,在线训练推荐模型接受来自各个主体的信息反馈,以越来越庞大的数据"喂食",使推荐模型在细分的同时,提升数据的完整性、全面性和时效性。由此,算法模型并非一成不变,而是瞬息万变的,原始数据的巨大变更、推荐特征的增加、算法相关参数的优化、算法模型本身的改进都影响着算法推荐流程中最终的用户到达信息。

三、流量要素主导的新闻分发平台

伴随新闻传播平台的激烈角逐,技术要素主导的新闻聚合平台持续不断地进行前台输出,相较于此,以"自由撰稿人"身份聚集的处于后台位置的新闻传播平台也层出不穷。如企鹅媒体平台、头条号、百家号等新型平台,由于与自媒体维系盘根错节的关系或自媒体大量涌入平台,常被简单界定为"自媒体平台"。事实上,以企鹅媒体为例,其平台入驻指引中就明确将入驻方身份界定为媒体、自媒体、企业及机构四大类,自媒体仅仅成为其一方内容生产者。由此,将企鹅媒体这类平台定义为"自媒体平台"的说法也就不合时宜了。这类平台在运作过程中,平台方、内容生产者以及内容分发渠道三者相对独立,且平台处于中间方,组织并联结两端的生产与消费,将入驻方与渠道方纳入至平台的关系网络中,对平台关系网络结构中的各方主体来说,分发是发生联结关系的目的或归宿,因此,将其定义为流量要素主导的新闻分发平台显得更为合理。

本节将企鹅媒体平台作为典型案例加以分析。2016年3月1日,企鹅媒体平台正式推出,腾讯提供四个方面的能力,即开放全网流量、开放内容生产能力、开放用户连接、开放商业变现能力。媒体或自媒体人在企鹅媒体平台发布的优质内容,通过多个对接用户的前台端口进行一键分发,让内容能够更广泛地、更准确地进入各类技术要素主导的新闻聚合平台,由此,媒体及自媒体人可携带身份符号与粉丝互动,建立与粉丝的连接,实现粉丝资源积累。企鹅号作为腾讯"大内容"生态的入口之一,拥有微信看一看、QQ看点、腾讯视频、QQ浏览器、腾讯新闻、QQ空间、天天快报、微视和 yoo 视频在内的九大分发渠道,流量资源丰富成为其与生俱来的优势。对于企鹅平台而言,建立良好的平台生态是吸引原创内容生产者的重要手段,具体来说,良性平台生态的建构既需要先进便捷的内容生产工具、多元的内容合作方案,也需要落到实处的内容分发渠道以及内容生产者扶持计划。2019 年初企鹅媒体平台推出了"中国城市品牌计划",呼唤城市合伙人,试图打造以城市 IP 为核心的全方位新闻生产和服务,而成为企鹅号城市合伙人也意味着拥有区域流量、广告营收以及分成等诸多收益回报。无论是地方媒体、地方论坛、地方知名大 V 或是其他机构都是企鹅媒体下沉至各个城市频道的有力拓展者。在增加自媒体扶持力度的同时,企鹅号指数的高低也对应着媒体人其间可获取的权益,用户喜爱、创作能力、发文活跃度、行业影响力、平台奖励五大维度成为企鹅号指数的评分依据。

对于流量要素主导的新闻分发平台的入驻方而言,流量变现和分发渠道是影响平台选择的两大因素,平台补贴、商业广告以及引流消费则是流量变现的主要方式,平台补贴往往通过广告分成、项目奖金及内容补贴等途径实现,商业广告则通过直接的广告插入或间接的软文发布实现广告主的推广要求。引流消费通过链接将用户引流至销售渠道或平台,直接实现产品的推广和交易。流量变现的模式为内容生产者提供了更为便捷高效的内容收益获取方式,在各司其职的新闻分发平台中,内容生产者的生产空间和活力得到了大幅度的提升,多样的激励机制激活了创作者的创新能力[①]。

---

①郑连乔. 媒体融合视野下的新闻传播平台研究[D]. 温州:温州大学, 2019.

第二节 商业平台对主流媒体打造新型
传播平台的启示

据 2020 年 7 月 20 日艾媒咨询发布的《2020 年 6 月中国手机 App 榜单》显示,中国手机新闻客户端市场格局保持稳定,其中腾讯新闻、今日头条月活用户数量均超两亿,以绝对领先优势位居行业前列。极光大数据发布的《2020 年新资讯行业年度盘点报告》也显示,截至 2020 年年末,新资讯行业月活量维持在六亿以上,全网渗透率接近 80%,位于渗透率头部的新闻资讯 App 为百度 App、今日头条和腾讯新闻。近年来,中国主流媒体在信息传播领域的主体地位日趋尴尬。没有强大的主流媒体,国家就会丧失新闻舆论阵地,因此,加快媒体融合发展、建设新型传播平台、建设新型主流媒体上升为国家战略。2013—2020 年,习近平总书记多次在会议上强调传统媒体深度融合发展的重要性。

本节旨在分析腾讯新闻、今日头条、一点资讯等商业媒体的发展,探究其对当前主流媒体深度融合的启示,并对传统媒体再媒介化进行反思,考察传统媒体深度融合打造的新型传播平台重构新"联结"的路径,从而打通或建构用户在网络空间中的多元社会互动关系,真正掌握舆论战场上的主动权。

一、以商业媒体平台之扩张为镜,"照"主流媒体融合之困

笔者爬梳了当前渗透率处于头部的各大新闻资讯 App

的发展历程,发现其商业模式各具特色。商业模式是企业创造价值的内在逻辑与基因结构,是企业资源与能力的系统性结构性安排,它的竞争力来自其独特的基因结构及其背后的资源与能力结构①。其中,用户价值、人才保障和产品优化是一个商业模式可持续发展的关键因素。下文从用户、人才、产品这三个关键因素来分析这些头部新闻资讯App的成功基因,力寻主流媒体融合发展之困。

(一)超越用户价值是企业制胜的基础

实现用户价值、经济价值、社会价值和谐统一的"超越用户价值",是一个商业模式的制胜基础。其中,创造不可替代的用户价值是途径,经济价值是保障,社会价值是终点。无论是月活量破亿级的今日头条、腾讯新闻,还是月活破千万量级的搜狐新闻、网易新闻、一点资讯等,其可持续的商业模式都非常重视超越用户价值的实现,给主流媒体打造新型传播平台带来了一定启发。

1.创新技术,帮助用户解决信息选择性障碍这一核心痛点

在注意力稀缺的时代,要想在新闻资讯市场中获利,最好的方法就是提供真正符合用户兴趣、欲望和需求的内容。当前信息过载,用户注意力崩溃,信息选择性障碍成为用户的核心痛点。商业化媒体平台遵循社会媒介化逻辑,契合用户核心痛点,创新技术,通过代码建构新一代网络过滤器,观察用户网端行为,基于时间因素、位置远近、兴趣偏好、历史浏览、网络条件等多重因素预测他们可能喜欢、需要的事物——你实际做过什么? 与你相似的人喜欢或需要

①栗学思. 商业模式制胜的五个法则[J]. 企业管理,2017(6):88-91.

什么……以此创建预测引擎,不断创造与完善整套用户理论:你是谁?在哪?下一步可能做什么?想要什么……再从众多的内容平台智能挖掘信息,并将其切割成各类碎片信息,主动推送给对应碎片化场景需求的用户,帮助他们解决信息选择性障碍。

当然,一个可持续的商业模式如果仅仅是解决用户痛点、创造用户价值还不够,还需思考如何实现超越用户价值,既满足用户显性需求,又能预知用户未意识到的隐性需求,提前为用户准备好解决方案,这样才能不断维系和拓展用户。

2.精准定位,实现从"人找信息"到"信息找人"的高效服务转向

资料显示,腾讯新闻的产品定位是为用户提供权威、专业、时效性强的专业互联网新闻媒体;今日头条定位为用户提供个性化、精准的聚合资讯平台;而为兴趣而生、有机融合搜索和个性化推荐技术的兴趣引擎"一点资讯"致力于做提供私人定制的精准资讯内容分发平台。各大新闻资讯App精准定位,力挖产品差异,寻求错位竞争,拓宽发展空间。

互联网巨头的商业逻辑其实很简单,它们提供的信息越接近个人,卖出的产品就越多。同理,资讯平台如果能针对用户量身定制资讯服务,就肯定受欢迎。"网络的未来是个性化……现在网络注重的是'个体'(me),重点是为用户个人打造一个智慧型和个性化的网络。"[1]这些商业媒体平

①伊莱·帕里泽.过滤泡[M].方师师,杨媛,译.北京:中国人民大学出版社,2020:7.

台专注于信息分发,在主流媒体看来,首次打破资讯行业内容供给的一体化模式,精耕某一环节,将内容聚合于平台,以智能推荐算法直达用户,满足用户个性化需求,为网络中千千万万个体打造个性化信息圈,完成"信息找人"的移动App建构,重塑信息传播中信源到信宿的关系。这种以人工智能为主导的信息分发模式优势明显,机器可以识别数据潜在变化趋势和潜在目标受众,大幅提升信息和人的匹配效率,给用户提供高能高效的信息服务,帮助商业媒体平台实现"超越用户价值"。

(二)团队活力是企业制胜的保障

人才是企业发展的第一要素。如何激活团队成员的创造力是成就新型互联网企业的重中之重。主流媒体在融合发展中的人才引领、团队协同等矛盾较为突出,而商业媒体平台则能灵活应变,创新组织机制,建构有活力的企业文化,最大限度激活人力资源。

关于人才管理,今日头条掌门人张一鸣曾分享过他的几点思考:"把优秀的人聚集起来做事,第一要减少规则和审批,加快决策流程;第二要拒绝领地意识,灵活调整汇报关系;第三要弱化层级和Title;第四要建立一个良好的目标管理体系;第五是鼓励内部信息透明和坦诚沟通。"[①]腾讯则信奉"精兵强将",人才的层出不穷给它带来了更广阔的视角。因此,腾讯很在意"节点的活力",也就是每个员工的活

---

①张一鸣.在创办今日头条的过程中,张一鸣先生的团队管理心得[EB/OL].(2017-08-24)[2023-02-06].
https://www.sohu.com/a/166920067_114819.

力①,从而建构了"开明开放、协同乐享、共建共创"的企业文化。王辰瑶在《新闻融合的创新困境——对中外77个新闻业融合案例的再考察》一文中分析当前主流媒体的四种融合类型,认为它们都尚未具备本应具有的"开放"意味②。因此,商业媒体平台在组织结构及管理变革等方面的创新值得主流媒体借鉴。

(三)优质产品是企业制胜的根本

无论是腾讯还是今日头条,都已成为家喻户晓的品牌,它们推出的一系列优质产品连接着用户的日常生活。以连接为最重要发展战略的腾讯,构建的是连接人与人、连接信息、连接商业、连接机器和设备的生态圈,从社交产品、内容和增值业务、工具类产品到金融业务等,形成了一张"挣不脱的网",网住了人们生活、工作、学习等方方面面。

今日头条以用户建模为基础、以推荐为引擎、以头条号作者为内容源搭建起规模化的传播平台,一跃而成国民应用。而抖音短视频,截至2020年8月,日活跃用户已超六亿,占领了国内短视频行业的制高点,真正实现了以"眼球经济"为流量入口的社会关系有效连接。

优质产品是企业制胜的根本,巨大的流量是多元业务协同的纽带,低成本获客和精准化的产业布局是多元化经营的核心竞争力。产品的尴尬正是主流媒体融合发展成果式微的原因,商业媒体平台的产品开发模式值得主流媒体借鉴。

---

①丁磊.腾讯人才管理:构建网络化生态组织管理模式[EB/OL].(2016-09-18)[2023-02-06]. https://www. ce. cn/cysc/newmain/pplm/qyxx/201609/18/t20160918_15989284.shtml.
②王辰瑶.新闻融合的创新困境:对中外77个新闻业融合案例的再考察[J].南京社会科学,2018(11):99-107.

二、商业媒体平台的负面清单

那么,主流媒体是否有机会改变困局,掌握舆论战场上的主动权呢? 答案是肯定的,今日头条、腾讯新闻等商业媒体平台有其先进性,但也存在先天不足。

(一)个性化算法推荐导致用户困于"信息茧房"

当前,今日头条等商业媒体平台所采取的个性化推荐分发技术依赖于收集与分析用户网络数据的过滤技术,即伊莱·帕里泽笔下的"过滤泡"①,它如同一个透镜,监控着用户在网络上的所有行为轨迹,洞悉用户并对其需求作出回应。它限制了用户所接触的内容,无法把点击寥寥无几但真正重要的事情放在优先位置,使人们走进过度过滤、越来越狭小的空间,即凯斯·桑斯坦笔下的"茧房"。这一技术表面上凸显了用户的主体意识,让原本主流媒体掌握的信息筛选权力转让给用户本身,使用户的个人议程设置逐渐取代公共议程设置。但实质上,它导致小新闻稀释大新闻,阻碍了用户接触那些真正有利他们进步的、非常重要的时政新闻和社会新闻,从而严重影响他们信息接触的多元化、丰富化。个性化推荐分发模式的关注筛选功能和协同过滤机制,不断干扰用户和外部环境的全面接触,从而导致用户获取信息的窄化和封闭。长此以往,人们的眼界会愈加狭窄,认知水平、媒介素养也会越来越低。

(二)商业媒体平台成为用户隐私的"超级间谍"

网络时代,用户在"赛博空间"产生的数据成为重要的

①伊莱·帕里泽.过滤泡[M].方师师,杨媛,译.北京:中国人民大学出版社,2020:7.

商业资源。互联网、个人终端和数据市场共同构成了"超级全景监狱"①,它通过用户未能察觉的方式,收集其在"赛博空间"中产生的所有数据,生产并建构成各种身份、各种维度面向用户画像并进行监视。人们在享受数字化带来的各种便利时,其个人嗜好、审美口味等个人隐私也被"凝视"。其实,"过滤泡"不仅是对用户的监控,更是一种操纵,用户隐私不保成为生活的常态,私人空间越来越公共化,而公共空间又越来越支离破碎。过度个性化的选择与便利,可能会迫使人们用一个明确的、经过充分辩论的公民责任感和公民身份意识的体系,来交换一个没有道德感的体系。

(三)商业媒体平台可能成为消极价值观的温床

商业媒体平台的实质是以追求利润为目的的泛新闻集散地,为了博人眼球和流量最大化,许多自媒体人钻营运作技巧,不惜准备各种道具制作"演出式"新闻,制造真真假假的新闻故事,诱导受众关注,宣泄情绪。

一方面,"在超链接的世界里需要叙事创新,新闻来源并不十分重要,相比于更值得信赖的新闻来源,刺激性的新闻标题可能更抓眼球"②。另一方面,商业媒体平台注重用户黏性,而新闻事实远没有评论具有吸引力和舆论引导力,由此导致评论过剩,二手信息冗余,其中不乏偏激、低俗、哗众取宠的评论,稀释了用户对重要时政新闻和社会新闻的关注度。

技术批判理论认为,必须赋予算法价值观,算法是程序

---

① 马克·波斯特. 信息方式:后结构主义与社会语境[M]. 范静哗,译. 北京:商务印书馆,2014:13.
② 伊莱·帕里泽. 过滤泡[M]. 方师师,杨媛,译. 北京:中国人民大学出版社,2020:7.

员定义和搭建的,每一种技术架构、每一个界面、每一行代码都代表着选择,意味着判断,承载着价值,如果不给算法设置正确的价值观,人们就会被错误的或消极的价值观所俘获。

三、主流媒体再媒介化,重构新型传播平台用户新"联结"

(一)主流媒体"再媒介化"的理由

戴维·波特和理查德·格鲁斯在《再媒介化:理解新媒体》一书中提出:"如果一个媒介在自身范围内封闭发展,最终会导致慢慢僵化。但通过再媒介化就可以让原有的媒介从其他媒介借用资源和灵感,使原有媒介获得新的意义。"克劳斯·布鲁恩·延森也把"再媒介化"定义为"新媒介从旧媒介中获得部分的形式和内容,有时也继承其中理论特征和意识形态特征"[①]。当前多数主流媒体通过母体内部的自建转型实现自我解封,实现新旧媒体融合发展,完成"再媒体化"。而王辰瑶认为,以内部自建方式开展的媒体拓展是不成功的新闻融合策略,并把其归因为"传统媒体的基因就是以内容为核心的生产组织,不可能违抗这个内置的基因规约行事"[②]。笔者也担心在省市县三级地方主流媒体的"再媒介化"过程中,让原有媒介从其他媒介借用资源和灵感获得新意,或者新媒介从旧媒介中继承部分的形式和内容的母体自建转型方式,在行事方式、既定规律、价值观、资

---

①克劳斯·布鲁恩·延森. 媒介融合:网络传播、大众传播和人际传播的三重维度[M]. 刘君,译. 上海:复旦大学出版社,2012:96,1.
②王辰瑶. 新闻融合的创新困境:对中外77个新闻业融合案例的再考察[J]. 南京社会科学,2018(11):99-107.

源分配逻辑等因素上会束缚新型传播平台的打造。

利文斯通在给《媒介融合：网络传播、大众传播和人际传播的三重维度》一书所写的推荐序言中提出："互联网的整合，也可以说是衔接起了所有媒介，并通过重新塑造各个新媒介在新兴网络语境下的可能性而再度媒介化了这些媒介"①。一旦传统媒介转型成平台型媒介，那它就将被纳入新媒体平台运作的规则范畴。所以，笔者大胆建议，主流媒体与其在母体里进行"全员洗脑"式的转型，不如从零起步重构，就如建构"学习强国"平台一样，从无到有。毕竟新型传播平台的建构需要对媒介重新进行语境化，而不仅是对媒介形式表面赋新。如果省市县三级地方主流媒体不能跳脱传统的区域篱笆，无法形成合力整合社会资源，继续各自为政进行转型，既稀释资源及用户规模，又难以形成大数据、社交分发等新的媒体语境，其所重构的媒介如何与拥有亿级用户的商业媒体平台抗衡呢？

（二）重构新型传播平台用户新"联结"的路径

随着移动互联网渗透率的提升，以及5G时代的到来，手机新闻客户端已然成为人们获取资讯的主要途径。新型传播平台的打造具备了市场基础，平台方需密切关注影响用户在众多新闻客户端中进行选择的因素，还需思考如何吸引用户并留住他们。新型传播平台重构不是简单的"传统媒体+互联网"组合，也不应以简单的"产品+用户"市场化竞争思维应对，而应在激发用户互动、实现网络化的用户互动关系与媒介联结上付出更多努力，从而构建用户所需的各

---

①克劳斯·布鲁恩·延森.媒介融合：网络传播、大众传播和人际传播的三重维度[M].刘君，译.上海：复旦大学出版社，2012：96,1.

种社会实践空间,其中既包括信息生产与传播空间,也包含用户生活、工作、学习、娱乐等全方位消费空间,并进行系统化协同创新,实现商业模式的突破。

1.破立结合,筑巢引凤,开放自媒体入口,丰富内容渠道,创新流量池

移动互联时代,谁拥有数据谁就拥有市场,只专注开发优质内容以获得优质受众的时代已终结。新型传播平台有必要制作大量用户偏好的信息,以适应个性化、过滤化的泡沫世界。因此,主流媒体应冲破新闻专业主义的思维藩篱,敞开怀抱建构自媒体平台,设计完善自媒体运营、奖励等相关细则,打造自媒体矩阵,而不应满足于做商业媒体平台的驻场媒体。主流媒体的新型传播平台一旦开放自媒体入口,以其一贯的权威,再加上完备的激励细则,就能够吸引众多自媒体人。对平台方而言,吸引自媒体大咖入驻,既可积蓄流量池,又可丰富内容源和报道线索,不仅有利于提升报道广度和深度,还可建构丰富的用户场景,满足用户的多元化选择。

2.创新合作,技术赋能,升级内容聚合系统与终端投送系统

当前,主流媒体新型传播平台与商业媒体传播平台间的根本差距表现在资源的聚合能力和终端的投送能力。主流媒体长期积累的内容竞争优势并不能有效转化为聚拢用户、沉淀用户的核心竞争优势,好多倾力打造的优质融媒体"内容成果",最终只能无奈地免费或廉价转让给商业媒体传播平台,成为别人的"流量王"。

那么,如何增强主流媒体自身的聚合力呢?首先,可与

商业媒体平台合作,以高价返利刺激吸引商业媒体平台与之交互驻场,构建多向度联系。在交互驻场中,主流媒体可实现对商业平台传播内容的引导与监管,并兼顾对用户隐私的适度保护;还可从驻场的商业媒体平台中添加接入口,以原创优质内容为引子,直接跳转至主流媒体新型传播平台,互助引流。

2019年1月25日,中共中央政治局在人民日报社就全媒体时代和媒体融合发展举行第十二次集体学习时,习近平要求:"媒体融合发展不仅仅是新闻单位的事,要把我们掌握的社会思想文化公共资源、社会治理大数据、政策制定权的制度优势转化为巩固壮大主流思想舆论的综合优势。"主流媒体具有资源聚合优势,可以把文化类公共资源和政府开放数据打通构建成一个全社会巨型数据库,为用户提供涉及公共领域的一站式平台服务,而终端的投送能力是传统媒体需要突破的瓶颈。因此,建议主流媒体在打造新型传播平台的过程中,不断完善基于大数据的用户画像精准推送系统,同时,努力增强社会评价算法推荐体系,持续平衡内容与技术关系,一边给用户提供个性化服务;一边给用户提供"家长式"帮扶,不管他们想不想看,都要告诉他们,因为用户需要知道这些重要信息。平台方要不断完善自身的技术条件,平衡两种信息的投送方式,让人们在满足个性化信息需求的同时,也方便接收主流媒体议程设置好的信息。

3.开放内容生产边界,打造连接用户生活全景的诸多小程序通道

主流媒体应创新商业模式,增强用户体验,高效解决用

户生活、工作、学习、娱乐的方方面面,实现平台对用户日常生活的全面渗透,增强用户黏性。除了建构文化类公共资源和政府开放数据等公共社交系统,拓宽公共领域的社交思维,主流媒体新型传播平台还可像社交媒体那样,拓宽私人领域的社交思维,引进丰富的商业场景与消费模式。当然,无论是公共领域的社交连接,还是私人领域的社交连接,都必须聚焦用户强需求,提供有价值的内容,帮助用户解决实际问题。例如,可以给用户提供有价值的工具,引导用户在更多的场景中访问和使用这些工具;也可以给用户提供丰富的社交价值,打造圈子的平台,汇聚用户的共同关注点和沟通话题,通过圈层互动找到解决实际问题的方法或思路。在全媒体时代,主流媒体仅靠资讯服务难以吸引、留住用户,只有提供丰富便捷的日常生活消费路径、工具与服务,供用户选择和体验,并完全嵌入用户的日常生活中,才能拓展用户规模,提升媒体价值,最终实现话语权的回归,壮大主流舆论阵地。

4.建设新型传播平台,创新组织体制机制,激发人才活力

财力、技术、内容、人才是打造新型传播平台的四大生产要素,它们互为条件,互为因果。财力是保障,技术与内容是依托,人才是核心。有了人才,才会有技术与内容,因此,打造新型传播平台,人才是关键,如何在内生机构中激发组织和人才活力,是当前主流媒体的一大挑战。主流媒体应虚心向商业媒体平台学习,突破僵化的体制与机制,因地、因人制宜改革平台管理机制,找准激发平台和人才活力的良性循环动力,简化工作程序;还应了解人才需求,建立

良性竞争的激励制度和灵活的晋升通道,优化团队,打造政治硬、本领强、求实创新的平台队伍[①]。

第三节 主流媒体打造新型传播平台的路径规划

新型主流媒体建设是当下我国主流媒体转型发展和主力军全面挺进主战场的必然要求,也是媒体深度融合的主要目标。近年来,国家顶层设计持续推动并不断完善。"十四五"发展规划指出,"推进媒体深度融合,实施全媒体传播工程,做强新型主流媒体,建强用好县级融媒体中心。"2021年9月,中共中央办公厅、国务院办公厅印发的《关于加强网络文明建设的意见》强调,深入推进媒体融合发展,实施移动优先战略,加大中央和地方主要新闻单位、重点新闻网站等主流媒体移动端建设推广力度,并要求充分发挥县级融媒体中心作用。此外,《数据安全法》《市场准入负面清单(2021年版)》《全国一体化政务服务平台移动端建设指南》等法规文件相继出台,为新型主流媒体建设进一步提供政策依据,指明发展方向。

一、重塑内容生产流程,强化主阵地导向引领作用

(一)筑牢意识形态主阵地,强化导向引领

主流媒体是指关注社会发展中的主流问题,影响社会

[①]沈维梅.从商业媒体平台之扩张谈主流媒体新型传播平台的打造[J].科技与出版,2021(04):46-51.

中的主流人群,以主流意识形态进行价值引领的媒体,通过传播在社会管理和发展中实现塑造社会视野,设置社会议题,进行社会舆论引导等价值与功能。广播电视媒体也不例外。新型主流媒体建设要求各级广电自有新媒体平台在主题主线宣传,抢占意识形态主阵地,网络舆论主战场等方面发挥重要作用。

在主题主线宣传方面,中央广播电视总台央视文献专题片《敢教日月换新天》,在项目伊始便探索全流程、全领域、全渠道的融合创新模式,在专题片之外针对不同受众群、不同传播渠道,创作出百集口述历史短视频、个性化解说《主播说》、速览片和预告片等,形成网台同频共振。在对外宣传方面,"玉渊谭天"融媒体品牌矩阵、CGTN数据新闻工作室、"海峡朋友圈MCN"涉台新媒体矩阵与ChengduPlus全球融媒体传播渠道平台等,通过叙事创新、数据可视化等"大珠小珠落玉盘"式产品组合,在重大国际新闻事件、对台宣传中不断抢占舆论先机,引导舆论热点,为新型主流媒体的对外传播与构建国际传播新格局发挥着积极作用。

(二)完善内容采编制播一体化机制

当前媒体深度融合进入攻坚期,新型主流媒体要从资源整合以及功能提升的角度观照整个社会的媒介化进程,即媒介深度融合阶段并不是在原有的机制架构上的小修小整,而是整体性的结构重组、功能再造以及模式创新。由此可见,各级广电媒体当前注重整体性重构内容生产模式,摆脱了以往局限于内容供给侧的技术改造与调整。

具体而言,就是以本级融媒体中心为统筹调度枢纽,协调多部门构建内容生产联动机制,通过"内容创新+技术赋能+运营协同"整合内容生产流程,建立内容采编制播一体化机制。包括成立专门的全媒体指挥调度中心、打造采制融合平台等,提供内容的一体采集、同步加工、集中管理,提升新闻报道的及时性、多元化。全面打通新闻采集与制作深度互融,强化指挥调度机制,构建内容生产"指挥中枢"。如上海台融媒体中心设立"新闻指挥室",不仅实现"一次对多次"生产发布,还能将中英文采集素材同步加工、集中管理,有效解决"中文和英文"两条原本独立运行的生产线之间功能重叠、内容同质、力量分散等问题。

(三)建立健全新闻宣传内容采制的多形态产品

伴随着信息技术的普及与发展,广电媒体正逐步打造具有新技术、新手段、新应用场景的多形态内容产品,这也是广电在媒体深度融合背景下转型升级的必由之路。作为社会发展的重要驱动力,媒体融合的底层运行逻辑是实现人与人之间的信息连接、关系连接以及心理连接,5G、物联网和人工智能等虽是"新"战场,但更逼真的"视觉呈现"仍是新媒体的核心内容[①]。部分广电媒体采用"AR+XR+MR"虚拟现实、"5G+4K/8K"超高清低延时可移动视频、云直播等多形态产品,不断丰富视听技术手段,打造新应用场景。如"无际之城5G虚拟现实智能制作平台"以5G技术为载体,依托马栏山视频产业云研发的虚拟现实全流程标准制作云平台,针对影视节目等视听内容实现异地协同制作,大幅提升效率,降低制作周期与成本。芒果TV"光芒"超高清云制播平台、海南台"5G+4K/8K"超高清视频制播平台等,打造出低

---

① 谭雪芳,陈加伟. 媒介可供性理论视角下5G广电媒体深度融合研究[J]. 中国广播电视学刊,2021(08):37.

成本、高效率的4K超高清制播新产品,当前正逐步应用于综艺、旅游、健康、教育等节目,为4K超高清制播具备大规模产业化应用提供探索路径。《三星堆新发现·揭秘》直播节目真实模拟"古蜀文明发源地"、各类虚拟主播"时间小妮""凯小淇"等产品,为观众提供沉浸式、陪伴式观看体验。

(四)通过内容采制业务平台重塑内容生产流程

广电媒体将云服务、人工智能、大数据等新一代信息技术应用于内容生产各流程、各环节,依托数据要素的虚拟替代性、多元共享性、跨界融合性、智能即时性等特点[①],不断重塑传统生产流程,在内容采集、创作与分发等环节更加精准,实现各类媒介资源、生产要素有效整合。如湖北台建立融媒体生产与管理机制"POWER融媒大脑"。广东珠海传媒集团自主研发的"九霄融媒体生态系统",实现"广电+报纸+新媒体+户外媒体"的统一指挥、内容共享和生产协同,并有机衔接其他行业管理部门及各类媒体机构,实现宣传舆论工作的全平台、全链条、全区域融合。陕西广电旗下应用在IPTV直播、点播等业务的圆点云智能审核系统,能够基于数据支持与AI深度学习等技术,高效准确地智能识别图像、音视频与文本内容中出现的违规内容,并通过AI的学习训练不断优化内容审核质量,提升审核效率及准确率。这表明,新型主流媒体通过对数据源的掌控、数据价值的开发以及数据算法的应用,实现传播领域、社会生活领域的主导地位,为整个社会的内容生产和传播沟通提供具有供需匹配、渠道驱动、场景配置、评价反馈和价值引导等领域的专

---

①李海舰,赵丽. 数据成为生产要素:特征、机制与价值形态演进[J].
上海经济研究,2021(08):52.

业支持。

二、平台化移动化智能化发展,打造全媒体传播矩阵

2021年,全媒体传播体系和智能传播格局已初步构建。随着媒体融合的深度推进,传统媒体与互联网的界限越来越模糊,特别是在县级媒体融合基本完成之后,整个传媒产业将呈现出以互联网平台为基础架构的泛数字化媒体格局①。在此背景下,为提升新型主流媒体建设能力,广电媒体将移动优先策略进一步转化为平台化、移动化、智能化发展,推动垂直类与行业类传播模式多点开花,增强移动化智能化平台的服务能力与水平,打造立体化全媒体传播矩阵。

(一)平台化:以自有平台建设为核心

各级广电媒体坚持移动优先战略,进一步向移动客户端或移动平台聚集优质资源,提升自有平台聚合能力。有学者指出,面对产业边界不断消弭的传播生态,以数字技术为支撑的平台经济体现出网络资源集聚特点与规模效应,平台已成为信息整合与资源配置的重要场域②。当前,各级广电媒体正不断强化自有平台建设能力,并结合自身发展状况、产业经营能力等探索新路径。

部分广电媒体与自有平台的双屏联动不断优化,将广电媒体已具备的内容资源、创作生产等优势输送至自有移动客户端。如湖南卫视和芒果TV的双平台深度融合加快

---

① 李博. 新型主流媒体建设阶段性成果已显现[N]. 中国新闻出版广电报,2022-06-14(008).
② 罗伯特·皮卡特,杭敏. 从传媒经济到平台经济:关注产业研究的创新前沿[J]. 全球传媒学刊,2021(08):2.

推进,2021年推出的"季风计划"从内容生产传播入手,以国内首个台网联动周播剧新样态"季风剧场"探索跨平台剧集高效运营机制,以"季风综艺"推动资源互通共享,建立双平台综合评估体系,为优化品牌口碑、孵化优质项目、提升整体影响探索新路径。东方卫视和百视 TV 以"大屏带动小屏,小屏反哺大屏"这一特色模式,深入挖掘 SMG 多年来积累的精品内容、制作经验和多元产业布局能力,打造平台内容、渠道与经营等同步联动。此类实践既能够实现广电内容优势对移动平台的引流支撑,也能够推动市场化运作反哺电视台经营等发展模式。

部分广电媒体注重协同本地政务与文化资源,在数字社区治理、智慧城市建设和推动乡村振兴等方面发力,建设服务本地的自有客户端或共建信息平台,积极推动社会治理现代化。这是由于数字化使得平台生产与社会要素生发出更为紧密的关联,并作用于社会系统性和整体功能的维护。数字时代平台生产的流动性指征,既是实践层面的轻量化,也是社会"轻快现代性"的折射与体现[①]。如浙江宁波台社区智媒项目、德阳台"德阳市民通"、衢州台乡村振兴全媒体智慧平台等,集成本地市民所需的政务服务、生活服务、资讯服务等全流程全方位城市服务于一体,建立政务服务和生活服务平台,并注重参与本地智慧城市建设、社区治理,提升社会治理现代化参与水平。这些措施也成为广电优化传播矩阵,建设新型主流媒体的新路径新方案。

---

① 蒋晓丽,王博. 数字生态下新型主流媒体的平台生产与价值增效[J]. 中国编辑,2022(05):41.

（二）注重移动化智能化渠道分发模式

除自有平台建设外,各级广电媒体也注重移动化、智能化等互联网渠道分发模式。研究表明,媒介并非仅仅是传递特定信息符号或交往关系中联系参与主体的应用工具,从某种程度上来讲,它是一套与新技术特质互动的社会关系[①]。在媒体深度融合过程中,广电媒体正在构建新的社会关系与社会格局,目前已基本形成纵向进驻《人民日报》、新华社、中央广播电视总台等国家级主流媒体矩阵,横向进驻本级本地报刊、"两微一端一网",以及微信小程序、抖音号、快手号等,构建多端分发的全媒体传播矩阵。

部分广电媒体以渠道创新倒推内容生产,既针对本级媒体的内容分发作出跨平台、跨部门联动策划,也对基层融媒体中心的内容素材进行线索汇聚、共享融通,提升全媒体渠道分发的精准化、定制化。如浙江绍兴市以"越牛新闻"客户端为核心平台,整合微信公众号、抖音、视频号等数十个新媒体端口,共同组成千万级融媒体传播矩阵,极大程度上提高传播的覆盖面、精准度、有效性,也打通本地用户群体与经营收益之间的转换通道。2021年"越牛新闻"实现营收两千五百万元,连续三年翻番,首次实现净利润。

部分广电媒体借力"短视频+""直播+"等方式提供直播分发渠道,推动全链条直播服务平台。作为MCN直播板块业务的载体,广电媒体借力直播类智能平台,提供多样态直播服务。如江苏台基于自主开发的"荔枝直播服务平台",海南台国际传播融合体中心打造的"5G+4K+8KVR超高清

---

①丹尼斯•麦奎尔. 麦奎尔大众传播理论[M]. 北京:清华大学出版社,2010:110.

水下直播体系"等,进一步实现传统电视频道与新业态深度融合、直播与实时互动相结合,"大中小"屏幕全维传播,多窗口同屏实时切换,交互反馈便捷等智能体验。

另外,进一步完善智能平台建设和虚拟主播研发,各级广电媒体正着力提升智能平台建设与虚拟主播新生态。这是由于"智能技术为媒体提供了打破数据区隔、超越感知边界、突破人机界限等"边界突破"的行为可能性"①。如浙江金华台"金彩云"智造平台,采用混合云架构提升智慧平台能力与新模式输出,合力推出系列云平台或小程序、新时代文明实践云平台、"接力读宣言"小程序、"接力学党史"小程序等。此外,广电媒体也持续打造各具特色的虚拟主播,如北京台打造出中国首个广播级智能交互产品真人数字人"时间小妮"、黑龙江广播电视台"凯小淇"虚拟主播对话机器人、湖北台 AI 主播江小云在常态化栏目《广电智播报》开启智能报道新局面,这些虚拟主播在多种应用场景中为观众提供沉浸式、陪伴式的新闻资讯服务与内容服务。

三、多元化拓展产业运营模式,提升自我造血能力

(一)持续深耕"新闻+政务服务商务"运营模式

主流媒体具有承担社会责任与产业经营的双重任务。广电新型主流媒体建设的重要着力点,体现在坚持一体化产业运营发展,持续深耕"新闻+政务服务商务"运营模式。

部分广电媒体以产业思维带动媒体深度融合,通过统

---

① 陈虹,杨启飞. 无边界融合:可供性视角下的智能传播模式创新[J].新闻界,2020(07):33.

一运营架构、整合媒体资源、建立渠道体系等方式,推动一体化产业运营。如陕西台经营中心统一建立广告资源的产品、价格、客户、渠道等"四大体系",统筹全台广播频率、电视频道与新媒体端的广告经营资源,搭建内容、传播、营销的全新协同机制。长城新媒体集团在新媒体网微端运维、舆情服务、政务服务、电子商务服务和融媒体技术服务等方面持续发力,初步形成具有平台型媒体特色的多业态产业发展格局,总收入连续三年增长30%以上。

部分广电媒体立足本土化发展,持续深耕"新闻+政务服务商务"运营模式,体现出与社会同频共振的责任担当。特别是市县级融媒体,大多以自有移动平台为载体,整合本地政务数据、便民服务事项、群众文化活动等资源提供各类服务,成为市民城市服务、传播本地资讯的重要媒体。如长江云与湖北省政务服务平台"鄂汇办"双向打通,将所有政务民生服务接入全省上百个云上系列移动政务客户端,集约化建设一站式综合便民服务的移动端"一门"入口,设置"问政"二十四小时移动互动窗口。

(二)拓展多元化产业发展路径

部分广电机构进一步将业务延伸至行业协同、文化创意、教育培训、展会展览等各类垂直细分领域,拓展产业多元化发展路径。如江西萍乡市新闻传媒中心(传媒集团)在"报业+广电"融合改革后,打造本市范围内的党史知识竞答系统、最美绿道评选系统、老旧小区加装电梯在线征询系统、《走高速看萍乡》融媒互动产品等,将软件开发、网络信息服务、线上车展、主播带货、微视频、大小屏直播等新业态形成新的创收增长点,2021年经营收入突破五千万元,相较融合改革前增长 69.2%。山东青岛台立足"频道+App+账号矩阵"等媒体主业,拓展布局教育、养老、美食、体育、交通、文化创意、知识产权等垂直领域深耕,与政务、市场等资源深度融合,进行多元化产业开发,构建起青岛广电的"生态圈"。浙江湖州市新闻传媒中心通过设立广告会展、文化创意等多个全资子公司承接经营业务,并启动家庭服务、少儿培训、指尖生活、文化旅游等产业项目孵化培育,全力打造"传媒+"文化产业链。

此外,部分广电媒体也在数字版权、新业态产品等方面着力,进一步拓展多元化经营。如中央广播电视总台分别推出 CMG 版权交易中心 1.0 版、广告营销平台等,湖南长沙台推出"中国 V 链"数字版权交易平台,江苏南京广电实施"天权区块链版权存证及云内容生态系统平台"等,借助数字化、智能化平台工具,为文化数据资产的生产、保护、交易进行全流程赋能,打造广电行业的数字版权内容汇聚、交易及分享平台。重庆扶贫影像云平台发挥云平台技术优势和专业影像资源优势,全方位管理并记录、宣传、展示当地扶贫历史印记与乡村振兴应用成果。还有为特殊人群提供的公共服务类移动新业态产品,如湖南长沙台、湖北襄阳台共同协作的"人工智能手语电视播报系统",在时政新闻栏目中使用后获得当地听障群体欢迎,并已覆盖全国数百家广电媒体机构。

(三)注重品牌化和 IP 化经营,提升自我造血能力

新型主流媒体建设离不开提升自我造血能力,提升产业经营的持续性、稳定性。当前,部分广电媒体不断创新产业经营模式,通过提升整合经营意识,拓展 IP 化和品牌化等

多元发展路径,形成新型主流媒体建设的重要发力点。在打造融媒体节目IP方面,河南卫视在"中国节日""中国节气"系列节目品牌基础上,还与多个网络视听平台联手打造《神码奇妙夜》《天工开万物》等定制节目。《老广的味道》已形成以纪录片为IP、以电商销售为延伸,全链条覆盖媒介渠道的融合品牌,举办广东省"非遗"购物节活动,参与电商直播售卖,制作定制美食视频产品等。《面若桃花》以优质原创内容为核心,节目播出后在新媒体同步推出"面若桃花官方号",以江南生活方式为标签,进行系列地标打卡直播、短视频、文旅宣传等内容输出、品牌主题活动。江西台的《中国森林歌会》利用电视端和网络端等各类传播渠道,构建"音乐+生态+旅游"模式,将节目品牌与各类森林景区协同合作,打造最美中国森林旅游景区打卡地。

在移动端品牌方面,"北京时间"客户端建立"品牌输出+用户拉新+经营创收"三位一体的市场窗口,孵化系列文创IP、开拓电商业务等。浙江嘉兴台"禾点点"App探索移动直播、智慧停车、电子商务等多元化创收渠道,整体营收能力不断提升。

部分广电媒体进一步探索市场化运作,着力实现跨界投资与业务融合。如江苏苏州台将街景电台装置升级为系列品牌活动IP"Pop-up Media街景电台",融合广播电台、新媒体网络直播等各类优质资源,进行全方位立体化内容输出,打造出集纳"车厢咖啡店+共享舞台+电台背景"的特色店铺与商业空间,构建融媒体商业集合体。河南项城市融媒体中心以建立融创文化产业园为主要创收模式,打造栏目IP产业链,实现栏目产业化、产业栏目化,并致力于打造音视频制作、项目策划、活动会展、少儿培训、文化产品、直播电商等为一体的文化产业平台,实现跨界融合。

四、加快体制机制改革,激发全流程全链条活力

在媒体深度融合背景下,破解传统媒体的体制机制壁垒、加快体制机制创新成为广电媒体转型发展的重中之重。当前,各级广电机构正着力出台政策措施、优化组织架构和运作机制、创新管理能力和管理方法,从不同方面加快融合步伐,建立适应移动优先策略的体制机制,激发广电媒体人才队伍和业务骨干的能力活力潜力。

(一)组织架构创新

部分广电媒体推动组织架构和运作机制的一体化建设、一体化管理,以此代替传统的频道制和中心制,形成协同高效工作格局,实现扁平化、专业化、垂直化、全流程机制创新。如陕西广电融媒体集团(台)按融媒时代发展需要和高效经营原则,成立全集团的经营中心,将原有分频道经营调整为统一运营架构,并着力重组核心资源、整合业务板块,形成"扁平化+一体化管理"新架构。

部分广电媒体在媒体融合实践过程中逐步更新观念,采用各类举措促进体制机制改革,包括调整机构属性与机构性质、设置新部门、调整人员身份、简化行政事务等。如北京经开区融媒体中心、安徽安庆市新闻传媒中心等媒体机构,探索由事业单位整建制转为企业方式运营,实行"企业化"管理,打破编内编外身份界限,破解人才选用屏障、队伍融合壁垒、传播限制层级、评价考核梯次等问题,实现人

员线、指挥线、产品线、渠道线的应融尽融。

当前,市级广电媒体正探索组建"报业+广电"传媒机构,其主要方向是以机构融合为基础,以人员融合为根本,全面实现流程、机制、管理等各环节融合,进一步构建"融为一体、合而为一"的全媒体发展格局。如珠海、芜湖、萍乡等市级传媒中心已在全媒体融合中转型升级。此外,在媒体资源分散、重复建设、市场萎缩等情况下,浙江绍兴市新闻传媒中心通过组织创新着力"破局",调整发展路径,明确以行政、采编、经营为三条业务线,设置调度中心、采集中心、编发中心、新媒中心、技术中心等五个采编中心作为整体架构,实现"真融、实融"。

部分广电媒体正逐步探索搭建各类"中台",构建差异化竞争格局,该举措是在互联网平台管理创新背景下,为减少同类业务"烟囱式"重复建设而提出的。如芒果TV在跨部门、跨中心项目不断增加的背景下,通过建设内容中台、技术中台、风控中台等,实现优化管理机制、提升项目执行效率等目标。陕西广电融媒体集团融媒体中心采用"基础底座+大中台+小前台"的模式,其"大中台"设置实现了集团内部、政府各级单位之间、宣传文化系统内部互通共享数据资源、共用媒体生产工具等。

(二)运作机制创新

工作室制、项目制等成为激发广电内容创新活力的有效管理机制。近年来,广电媒体持续建立低成本、带动作用显著的"工作室"制、"事业部+工作室"制。这一运作机制既对广电机构的内容生产、渠道传播等方面进行优化与激励,也能成为推动产业经营与盈利的重要推手。

如广东台构建起"融媒工作室矩阵",已成立涉及垂直类、服务类和平台类的融媒矩阵工作室共计二十二个,带动引领作用不断强化,形成电视融媒中心媒体深度融合发展引领的尖刀兵和突击队。河南卫视激励内部骨干力量进行创意立项或建立工作室,已成立"国风工作室""企划工作室"等,打造出符合各类融媒体优质内容的节目团队,为系列节目创新打下坚实基础。除工作室制之外,部分广电媒体正在探索各类人才孵化机制。如芒果TV在实践中进一步优化工作室制度,实行"青芒计划"等青年人才招聘,全方位培养高素质青年储备人才与力量。海峡卫视融合发展事业群探索"个人IP孵化机制",让具有广电长期实践经验和专业能力的记者、主持人或评论员等,进入融合传播主战场,在新媒体端开设账号、引导舆论,孵化具有个性化、品牌化的个人IP,在网络上形成矩阵式、"组合拳"式传播效应,有力引导互联网舆论。

(三)建立跨区域协作交流机制

除内部改革外,部分广电机构正推动建立跨区域协作机制,打造全媒体传播平台。如区域广播电台大湾区之声、长三角之声、京津冀之声已相继开播,对应粤港澳大湾区建设、长三角一体化发展、京津冀协同发展等国家战略,打造出跨地区、跨媒体、多领域的区域性广播频率和融媒体传播平台。以京津冀之声为例,这一平台是在广播基础上打造的,更加注重融合传播,包括入驻广电新媒体和商业性网络视听平台,推动全媒体内容生产与传播,目前已实现广播端京津冀新闻的互联互通。同时,这一机制既能够促进城市资源交互、拓展用户市场,也能够创新本地内容生产链条,推动媒体深度融合。

　　截至2022年5月,已有湖北、陕西、京津冀、江苏、湖南、苏州、浙江等七家广播电视媒体融合发展创新中心成立。其主要目的是立足当地媒体融合资源优势,建立交流合作机制,在重大活动协同、媒体融合技术推广、人才交流培训和内部机制建设等方面提供示范性基础。如中国(京津冀)媒体融合发展创新中心审议通过的《中国(京津冀)广播电视媒体融合发展创新中心项目管理办法(修订稿)》,规范各类项目管理制度,并在理论研究、模式探索、技术应用、项目孵化、区域协同等方面进行创新协作。整合各类广电媒体资源、建设创新中心是探索广播电视媒体融合发展新途径的重要方式,也为共同建设新型主流媒体提供新思路①。

第四节　主流媒体打造新型传播平台的策略建议

　　在现代互联网技术快速发展的背景下,融媒体逐步进入到我们的日常生活中。融媒体时代的到来给传统报业带来了较大挑战,在各类新媒体的冲击下,主流媒体面临着大量读者流失和广告额缩减等窘境。主流媒体只有与时俱进谋求转型,做好顶层设计,打造新型传播平台,建成新型主流媒体,不断提升传播力和影响力,才能适应移动互联网飞速发展的5G时代。

①高星.广播电视新型主流媒体建设路径研究[J].声屏世界,2022(14):5-8,15.

一、做好顶层设计，打造新型传播平台

习近平总书记强调推动媒体融合向纵深发展，"要抓紧做好顶层设计，打造新型传播平台，建成新型主流媒体，扩大影响力版图"。

笔者认为，提升主流媒体传播力、影响力的关键点，正是打造新型传播平台，建成新型主流媒体。而"新型"之新，指的是以移动互联、大数据和人工智能技术为基础的"新"。要打通传播的"最后一公里"，就要靠新技术来赋能。5G时代即将到来，对信息传播势必带来巨大影响。在新技术飞跃的今天，我们要清醒地认识到，报纸做不了移动传播时代的平台，报纸的民生服务功能在退化，应转移到新媒体平台上来。要打造新型传播平台，只能依托移动端。但这并不意味着报纸的"地位不保"，今天报纸仍是主流媒体，但不再是大众化读本，而是属于少数主流精英人群读本，是社会认同的标签。在移动传播时代，报纸的价值体现在"工匠精神"，在网络信息喧嚣之后的观察思考，在信息洪流之中的沉淀淘漉。

在打造新型传播平台、构建新型主流媒体的顶层设计中，富有公信力和深度的报纸依然是根基，具备时效性、共享性的新媒体则是主干。

二、多种媒体资源融通共享，有效整合新闻内容

在融媒体时代下，主流媒体为了能够成功转型，需要真正实现多种媒体资源的融通共享。

一方面，主流媒体的记者在采集新闻资讯的过程中，需

要充分考虑多种媒体的作用,积极搜集文字、图片、视频等多种素材,加快新闻信息的采集速度,改变自己的工作习惯,充分利用现代网络技术发布第一手新闻信息,抢占新闻信息的报道先机,有效增强主流媒体的竞争力。另一方面,主流媒体还需要积极改变信息的处理方式,应用与传统纸媒完全不同的方法,采用针对性的途径来搜集新闻信息,以便能够让主流媒体更好的满足不同媒体的需求①。

同时,针对主流媒体新闻内容发布渠道单一的缺点,主流媒体应充分利用移动互联网、计算机和信息技术的支撑,拓展多样化的发布渠道,以此来扩大传播范围。

尽管存在诸多限制,但不可否认的是,主流媒体相比新媒体仍存在不可替代的优势,比如权威、优质、公信力等。在谋求转型的过程中,主流媒体务必不忘初心,严格把控内容的质量关,充分利用图片、动画、音频和视频等多媒体形态,打造优质的精品内容。只有这样,才能够在发挥主流媒体独有优势的同时,让主流媒体单一的传播形式得到改变,能够利用多个平台、多种介质、多层次进行传播,从而最大限度提升主流媒体的品牌影响力。

三、增加受众参与度,定制个性化内容和服务

一直以来,传统的媒介起的是单向传播的作用,向受众发布权威信息,受众始终处于被动接受信息的状态,难以将自己的看法表达出来。而随着微博、微信等自媒体平台的出现,人们可方便快捷地利用移动端表达自己对社会现象和议题的见解,自主意识爆发式增强,已经不再满足于被动

---

① 金欣. 报业转型的范式探讨与路径选择——评《媒体融合背景下我国报业转型的发展策略研究》[J]. 传媒,2019,295(02):102.

接受信息。

　　因此,在融媒体时代,主流媒体为了能够获得受众关注、增加受众黏度,就必须立足于受众的阅读习惯展开信息传播,通过形式多样的活动邀请受众参与进来,同时,充分利用互联网技术和大数据分析技术,对受众群体进行清晰定位,深入了解不同群体的需求和阅读习惯,为受众量身定制个性化的信息内容和推送服务。总之,在现代信息技术快速发展的背景下,主流媒体的转型迫在眉睫。主流媒体应积极融合新技术,采用新思维来整合优质资源,改变采编人员的职能和采编流程,丰富内容发布渠道,做好顶层设计,打造新型传播平台,建成新型主流媒体,从而在融媒体时代更加健康稳定地发展①。

---

①林奶花. 打造新型传播平台 建成新型主流媒体[J]. 传播力研究,2019(23).

第七章 基于人才队伍建设的融媒体深度发展路径

第一节 融媒体记者的核心素养

一、信息鉴别素养和信息素养

在传统媒体时代,新闻记者只需具有一定的采、编、播能力,就算得上是一个合格的新闻记者。但是,在融媒体时代,新闻渠道、平台和管理都有了新的发展。作为走在媒体传播前沿的媒体人,新闻记者必须要在思想观念、思维方式及能力架构等方面做出改变,朝着融采、写、摄、录、编、网络设备操作技能于一体的复合型人才转变。采,是新闻写作的基础。融媒体时代,各类信息大量存在,信息质量也是良莠不齐。在新闻信息采集工作中,新闻记者需要从党的利益和新闻宗旨的角度出发,还需要提高新闻敏感力和信息鉴别素养,能快速鉴别信息的真伪、价值,能运用信息采集技术从各种信息中提取新闻线索,抢占新闻报道先机。只有这样,才能确保新闻报道的真实性、价值性,才能将新闻报道做实、做深。

二、媒体融合与创新素养

在融媒体时代,媒体融合是大势所趋,创新则是促进媒体融合的原动力。关于媒体融合与创新,习近平总书记强调:要坚持移动优先原则,建设自己的移动传播平台,传统媒体也要挣脱固定生产思维的束缚,融合互联网思维,形成自己的媒体平台优势。

在此情境下,新闻记者在坚持内容为王、为人民服务宗旨的同时,要积极学习数字化技术和数字化工具操作技能,了解微信公众号、短视频平台的信息推送方式,具备敏锐的新闻嗅觉,全面挖掘全媒体信息资源,提高自己的新媒体运作能力,以推动传统媒体与新媒体优势互补。与此同时,创新新闻播放、加工方式,抛弃同质化的报道手法,根据受众的阅读需求,从独特的新闻视角去报道新闻,为受众提供个性化的新闻产品,以满足受众需求,扩大新闻的影响力,为实现伟大的中国梦提供精神力量和舆论支持。

三、媒体营销和沟通素养

媒体营销素养是影响媒体发展的主要因素之一。无论是传统媒体还是新兴媒体,它们要想长期发展,必须要盈利,而营销素养事关媒体的切身利益。在融媒体时代,新媒体在信息传播、营销方面占尽先机。如新媒体不仅善于进行热点营销,而且营销手段多元化,价格低廉。传统媒体也要提高营销素养,全方位统筹各种资源,夯实自身发展的基础。新闻记者作为推动媒体发展的有生力量,必须要提升自己的专业素养,形成广告、营销意识,一方面在工作中提高工作质量,借助工作展塑造个人形象,扩大媒体的影响力。一方面要向新媒体取经,学会用热点事件进行媒体营销、品牌推广,还要加强与受众、广告主、其他媒体的互动沟通,通过向各方寻求媒体产品助力来完成营销经验和资源积累,为新闻品牌发展提供良好的环境①。

---

①程玉彬,何燕.探析融媒体时代新闻记者的核心能力[J].传媒论坛,2020(16):32.

第二节 融媒体深度发展的人才需求

一、融媒体人才需求总述

(一)新岗位

在具体梳理招聘信息中,发现随着工作需要的变化,有多类新岗位出现。如有多处融媒体中心招聘可视化编辑或视觉包装编辑,要求从业者具有新闻学或统计学背景,拥有较强的数据分析能力,并能够用清晰明了的图表来呈现出数据。

舆情分析师是融媒体中心广泛所求的人才。如广西南宁市青秀区融媒体中心对舆情分析师的要求是,能够独立进行新闻舆情监控,有敏锐的网感,具备较强的逻辑和综合分析能力,能够独立撰写新闻舆情分析报告[①]。贵阳市融媒体中心的要求是一定要熟悉国家政策和大政方针,对于时事有着敏锐的感知力和快速的反应能力,而且思维灵敏,逻辑性强,善于分析,有着深刻的洞察力[②]。

同时有多个融媒体中心招聘平台运营维护岗人员,一般要求计算机或管理学人才,负责微信公众号、App等运营平台的日常更新和维护,或者熟悉LED显示屏布置、安装和

①应届生网.广西南宁市青秀区委宣传部融媒体中心[EB/OL].(2019-01-30)[2023-02-06].https://www.yingjiesheng.com/job-004-084-495.html.
②腾讯网.贵阳市教育融媒体中心招人啦[EB/OL].(2019-04-26)[2023-02-06].https://new.qq.com/omn/20190426/20190426A08PYG.html.

调试、运维。需要具备网络设定、网络维护、网络监测的基本技能,具备快速处理系统突发事件的能力。

深圳市坪山区融媒体中心招聘融合管理工作人员两名,要求不仅要负责日常的全媒体新闻采编统筹,还要对融媒体记者的供稿进行编辑、排版,使新闻报道成系统、成体系,能够对全媒体平台的最新消息及时进行监控动态处理,研判分析,并提供优化建议①。

还有活动策划专员,融媒体背景下,为了创收和培养媒体的美誉度、知名度,就必须策划相应活动。贵州习水县融媒体中心招聘两名大活动策划运营专员,要求要掌握各类互联网营销的方法,可熟练进行营销推广,而且强调要有活动策划经验,有吸引流量,并且可以将流量变现的能力,可为机构带来一定收益②。比起以往基层媒体只是上传下达政令,而对于融媒体中心而言,有趣、紧跟热点,能够获得用户的共鸣,也是相当重要的。

(二)工作内容与工作平台

"采编""编辑""记者""主持人""摄像"等词都位居前列,说明融媒体立足于新闻本位,人才需要相对传统。首先最紧缺的还是优秀的新闻内容生产者;其次,缺少能够利用新媒体技术,整合营销类人才,如融媒体"微信"运营、"客户端"推广、"产品"宣传专员;最后,"技术""工程师""服务器"

①事业单位招聘考试网.2019年深圳市坪山区融媒体中心招聘公告[EB/OL].(2019-12-27)[2023-02-06].https://www.shiyebian.net/xinxi/326126.html.
②习水县人民政府办公室.2019贵州习水县融媒体中心招聘全媒体人才25人公告[EB/OL].(2019-07-19)[2023-02-06].https://www.offcn.com/sydw/2019/0719/482324.html.

等高频词说明,融媒体平台维护、技术研发类岗位也急需大量人才。

融媒体中心属于是"一次采集、多种产品、多媒体传播、多终端评估"的传播格局[1]。虽总览招聘信息,融媒体中心的工作内容主体仍为新闻内容的编辑与生产、文字报道与撰写、宣传策划等传统工作。但相较传统媒体内记者、编辑、运营等职责分明的岗位模式,与其不同的是,融媒体岗位的工作内容要求"复合型人才",对从业人员的业务技能提出了更高的要求,从新闻生产到编辑、再到传播输出,需要的是在每个环节都能做到游刃有余的人才。

融媒体主要传播平台既有传统媒体如广播、电视,又有新媒体平台如微信、客户端、各类网站等,而前者出现频次远大于后者,侧面说明融媒体中心虽运用新媒体平台传播政务,但其工作重心依旧侧重于传统媒体。

(三)招聘限制

年龄限制。"周岁""年龄"等词频次都较高,融媒体机构对人才年龄有较大限制。通过具体招聘广告分析,大多数融媒体机构对招聘者年龄都限制在18岁-30岁,渴求具有创新思维的年轻血液注入,更需要年轻化的团队。

身体素质限制。"身体健康""吃苦耐劳"等词频次较高,也有部分单位如江西宜春融媒体中心、乐安融媒体中心等限定新闻记者只招男性,说明融媒体行业部分岗位工作环境艰辛,对人才身体素质也有较高要求。另外,有个别融媒

---

① 人民网. 扎实抓好县级融媒体中心建设[EB/OL]. (2018-09-06) [2023-02-06].
https://media.people.com.cn/n1/2018/0906/c4060630276902.html.

体机构对求职者的外在形象也有一定的限制,如虎林市融媒体中心在公告中明确要求"五官端正,形象好,气质佳,镜头感强"①,对需要上镜的工作人员提出了更加严格的要求。

学历限制。大部分融媒体平台都要求求职者"大专"或"本科"学历,笔者通过统计发现,欠发达地区的招聘信息对于人才的学历限制较低;发达地区融媒体机构一般对求职者学历要求为本科以上,有个别岗位要求研究生学历。这是因为发达地区拥有更加吸引人才的地域、待遇等优势,可供筛选的名额较多。

专业限制,融媒体人才并未受到太多"专业"背景限制,通过具体招聘信息分析,发现除新闻传播类专业外,用人单位广泛需求"文学""数学""法学""计算机""设计学"等专业人才。与专业壁垒相比,更青睐于有相关工作经历者,提出"有相关工作经验者优先",倾向于多学科融合型人才和精通某一领域的专才,有多个岗位明确要求职者应有一定的工作经验。

(四)语言水平

词频统计结果中,"英文""英语"出现甚少,说明于融媒体机构而言,外文水平非必要条件。也一定程度上说明融媒体人才更多需要关注的是当下中国社会,关注本土。

二、融媒体人才需求详述

在总体了解融媒体人才现状后,本文将通过深度观察高频词之间的联系及内涵,结合招聘广告具体文本,通过比

---

① 虎林新闻网.虎林市融媒体中心招聘工作人员[EB/OL].(2019-02-11)[2023-02-06]. https://hulin. dbw. cn/system/2019/08/14/058246363.html.

较传统媒体人才素养,探讨融媒体人才所需求的素养。

(一)专业化内核,强调新闻本位

"采编""编辑""主持人""摄像"等依旧是高需求岗位,可看出融媒体最紧缺的还是优秀的新闻内容生产者。于媒体人而言,纵然时代更迭,技术变迁,但立足于新闻本位,掌握最基本的采写编评能力,始终是其核心素养。结合具体的招聘信息梳理,可发现在新闻基本功方面,与传统媒体相比,岗位设置和工作内容有部分新需求。

第一,关于新闻采写素养。在岗位设置上,融媒体采写与传统采写相比,岗位设置有所不同,传统媒体一般招聘为"记者"或"新闻记者"。而融媒体在招聘需求岗位上,部分设置岗位为"融媒体记者",要求负责的是全媒体新闻、专栏、网站等的采访和初编。而有的则具体分工,如贵阳教育融媒体中心分别招聘"文字"记者和"摄像"记者,要求文字记者有较强的文字表达和编辑策划能力,要求摄像记者可以制作视觉新闻,制作有美感,有新意的图文新闻,符合视觉文化时代的诉求[①]。贵州南明区融媒体中心则分别招聘视频记者和图文记者,并具体要求视频记者熟练使用Premiere、Edius等专业剪辑软件;图文记者熟练使用Photoshop软件。

在工作思维上,强调融媒体记者要积极策划,主动出击,灵活创新。积极策划,指的是融媒体记者应预先对新闻事件进行分析、构思,制定出最佳报道方案,努力使新闻报道达到最好的传播效果;而主动出击,就是说融媒体记者要

---

①搜狐网.贵阳市教育融媒体中心招人啦![EB/OL].(2019-04-24)
[2023-02-06].https://www.sohu.com/a/.

尽可能的多渠道收集背景资料、相关信息,力图做到新闻报道的深度、准确、全面;灵活创新是说,在融媒体时代,要想赢得受众的注意力,必须具备敏锐的新闻报道创新能力,无论是从选题内容还是报道形式,只有摒弃同质化思维,让受众有耳目一新的体验,才有可能赢得受众注意力。

在工作方式上,传统记者工作方式较单一,主要依赖录音笔等工具。而融媒体记者,不仅要做到及时准确、独立地挖掘新闻选题,策划报道,完成新闻采编工作,而且要具备文字、图片、音频和视频等综合采集能力,同时还要熟悉后期软件,能够在第一时间完成新闻素材的上传。有的岗位还要求融媒体记者能够积极开拓相关采访资源、建立行业关系。

第二,关于新闻编辑素养融媒体时代强调"弱采强编""编辑"出现的频次高达一百一十一次,说明融媒体中心对编辑类人才有着很大的缺口。从岗位设置上来看,大多都是图音视频编辑、文稿编辑、美术编辑等,主要是针对不同平台的传播特色,分发不同个性化内容。编辑所做的工作,一定不是对各类新闻素材的直接拼接就完事,而是通过有内核的融合,编辑要做的工作并不是对新闻素材简单地拼接,应有其要表达的思想,在作品中可表现出立场、定位和人文价值观。

融媒体编辑需要不断转化角色,之前是某一专业内的编辑,现在要承担的是新闻产品的传播者、策划活动的组织者,以及受众与传播者之间的桥梁。基层融媒体的出现,通过利用微信、微博等新媒体社交平台,以接地气的传播方式,打破了过去党政宣传和普通百姓之间传播脱节的状况,而且通过后台留言等,编辑可及时的调整工作失误,受众的反馈是动力也是鞭策力。如多地融媒体中心设立的社群QQ群,每日在群内为社区居民发布路况、天气、周围商圈资讯,用户参与后反馈良好,对粉丝黏性的增强效果显著。

融媒体编辑需要更全面的技术、知识结构。对于传统编辑而言,针对报纸、广播、电视等单一化的渠道形态,编辑的工作往往也更具有针对性、单一性,要求专业化的知识结构。但是融合媒介带来了"互联网+"的业务形态,迫使编辑工作改变,成为复合型人才,具备文、图、视频、直播等综合编辑能力,熟练掌握PS等图像处理软件和AE、H5、Flash等新媒体编辑软件。

融媒体编辑需要多维的逻辑思维。融媒体中心建设还处于"摸着石头过河"的阶段,究竟是走传统的党媒党刊严肃、庄严的宣传模式?还是紧跟时代变迁,走轻松、自然、日常的媒体模式?从招聘广告中可以分析出,虽然融媒体中心是属于广播电视台管理,属于官方媒体,但其呼吁的是三维立体的、生动的、非线性的传播思维模式。这要求融媒体编辑不能固守传统的思维模式,自说自话,应该积极摸索新媒体产品的运营规律,加强与受众的互动,打造全方位产品,形成系统、多维的思维模式。

综上,融媒体编辑为了满足融媒体开展工作的需要,需要积极顺应时代发展。一方面需要做好多渠道分发工作,另一方面也要结合不同实际,个性化传播。

第三,除采写编辑基本素养之外,通过分析融媒体招聘信息,不得不注意的是,虽在新闻采写编评方面对求职者提出了各种与时俱进的要求,需要会使用某类软件、掌握某类技术、有梗、会融热点等。但从形容词类的关键词结果分析中可以看出,比起"灵活""独特"等词来说,排名靠前的还是"熟练""扎实"等词,这就说明无论在什么媒体背景下,熟练掌握扎实的新闻基本功,拥有优秀的采写编评能力,是融媒体人才综合发展的前提。倘若新闻基本功不扎实,那么后续的综合素养都是空中楼阁。

同时,对于融媒体机构来说,不能忘记"新闻本位",运维一切新闻产品的前提都是真实,追求经济效益的前提一定是尊重社会效益,做好社会的雷达,做好反映人民群众生活状况的晴雨表。

绝大多数融媒体新闻采编岗位都强调求职者的新闻基本功要扎实,有的岗位说明求职者在录用后,会有一定的试用期,若试用期内工作不合格,将会被辞退。这也从另一方面折射出,目前我们的部分新闻学子,过于追求花哨的技巧,在高校对于新闻基本功的实践操作练习不足,难以满足用人单位需求。

需要说明的是,在招聘广告中,较少发现招聘新闻摄影、融媒体新闻评论员等相关信息。笔者究其原因,首先因为融媒体记者或编辑等需要复合型人才,本身就需要负责对图片、视频等的制作和包装,不再必须是以前的"记者+摄像"模式。其次,融媒体平台处于刚刚兴起时期,还处于探索发展阶段,目前的招聘公告所需求的是现状急需人才,满足基本的运维需要。有些新闻传播领域内的岗位人才和工作内容,还需后续不断追踪补充。

(二)技术化路径,强调数据素养

广播电视行业拥有海量的媒体内容数据,用户服务数据。有一些需要专业的数据处理技能的岗位,如数据统计分析师、舆情分析师等,强调数据素养高,可以熟练运用多种常用的 CMS 网站管理内容系统;熟悉一些专业的数据库管理维护。除此之外,通过统计数据,发现涉及到"数字""数据""技术"等的词频都较高。这说明不单单是专业的数据分析人才,对于普遍的融媒体人才来说,掌握基本的数据分析能力,具备数据敏感性,也是处于大数据时代,融媒体人才所应具备的基本素养。

融媒体时代,技术手段嵌入了新闻传播每个环节,尤其大数据技术与新闻业广泛结合,驱动了数据新闻的兴盛。数据新闻从业者生产数据新闻,类似于做量化研究,应该首先提出问题,其次根据问题来建构出相应的评价体系,在经过专业的软件进行数据统计后,利用图表形式呈现结论。在这个数据分析的每个环节中,都需要严谨的科学思维和数据意识,不能数据造假,不能人为修改数据结果。

近年来,随着技术和手段的不断更迭,UGC、基于 LBS 的位置服务等技术进一步拓宽了数据收集渠道。自 2014 年起,西方知名媒体如《卫报》、路透社、BBC 等已成立正规的数据新闻团队;而国内,对大数据技术的广泛运用主要集中在 BAT 等互联网业内,传统媒体处于劣势。大数据时代,传统媒体要想成功转型,就必须依赖数据人才,强调人才的数据素养。

数据素养是指具有数据意识,同时具备数据基本知识与技能,能够利用数据资源发现问题、分析问题和解决问题的能力①。在新闻传播领域,强调通过挖掘数据来发现具有新闻价值的事实。

首先,融媒体人才应有正确的数据意识。数据意识是对数据敏感,判断数据是否具有新闻价值,是新闻从业者在生活、工作中表现出来的发现和关注相关数据的意识和兴趣,体现在对数据的直觉,对数据有批判、反思、求证、追踪意识。面对着来自大数据的冲击,往往有着两种截然不同的态度:一种是对大数据嗤之以鼻,认为冷冰冰的数字反映不了什么;另一种是深信不疑,认为数据科学、准确,容不得质疑。这两种观点都是有失偏颇的。

融媒体从业者在工作过程中,应该以辩证的态度对待数据。一方面需要肯定数据的特点、作用,另一方面,也要了解到数据的局限性。对于大数据,应该同对其他信源一样,保持谨慎和清醒,时刻保持质疑精神,多方查证其真伪。

其次,工欲善其事必先利其器,要想利用好数据,从业者应熟知国内外的权威数据源和专业的数据处理工具。如中国统计信息网、中国民政部、巨潮资讯、微博数据中心、皮尤数据库、BIS statistics 等,能够快速采集各领域的数据资源,获取数据时充分考虑数据的广度和深度,能够多角度求证数据真实,辨析隐藏的数据价值。

数据处理一般分为三步。

第一步,数据采集。可以灵活运用手动采集和计算机脚本抓取两类数据采集方式,在所需要的数据样本较小时,可以人工爬取样本。但是当需要大规模地采集数据时,就

---

① 许向东. 数据新闻:新闻报道新模式[M]. 北京:中国人民大学出版社,2017:247-258.

要借助 Python、R 等计算机编程语言。

第二步,数据清理。数据清理是整理数据,剔除杂冗的过程,在科学分析数据的过程中,这是必不可少的一步。若在搜集数据后不清洗数据,可能会造成结果的误差。

第三步,数据分析。数据分析是整个数据处理的核心,一般会用到 SAS、SPSS 等统计分析软件,分析其中的新闻价值,在呈现数据时,可掌握 Power BI 等数据可视化工具的使用。

最后,融媒体人才数据素养还应包括数据伦理,注意受众的隐私保护和信息安全。由于数据信息过去庞杂,良莠不齐,受众找寻有用信息的难度过大,出现"信息超载"状况。显然,在当下的传媒背景下,专业人士能够对数据辨别筛选,做好新闻把关人工作,是大势所趋。例如对于一些本地生活公众号来说,甄选可靠、便利、专业的生活资讯,可为居民的生活提供有益帮助。

但与此同时,个人隐私的泄露、骚扰电话、人肉、网络暴力、网络侵权等,都是大数据便利了生活之外的阴暗面。融媒体从业者应严格遵守新闻职业操守,不恶意收取用户个人信息,恶意授权,避免成为某些利益的合谋者。

(三)多元化语式,强调敏锐"网感"

大部分招聘信息中都提到融媒体人才该具备互联网"思维"和热点"意识",具有良好的"网感",如高安市委宣传部融媒体中心招聘文案为"追得了热点,赶得了潮流,对社会情绪有自己敏感的思考,文笔活泼风趣接地气,脑洞开得比黑洞大"①。充分说明传统媒体渴求转变陈旧话语模式，吸引年轻受众。

"网感"一词，指在互联网语境下，对社会热点的直觉判断能力和捕捉能力。网感的主要对象是当代年轻人尤其是互联网环境下诞生成长的"网生代"。中国电视剧制作产业协会副会长、金牌制片人王鹏举认为，网感是对市场、对年轻人的思维和欣赏习惯的敏锐跟踪和适应②。因此，网感也可以视为一种媒介能力，即对互联网生态的感知能力。

这种感知能力，要求融媒体人才首先应了解互联网传播规律，从BBS到论坛、博客、再到微博、微信、客户端等，技术推动互联网语境更迭。融媒体人才需熟练使用各种网络平台，了解不同平台用户的个性化需求。其次，融媒体人才还应对社会生态深刻洞察，善于抓住社会热点事件，了解受众心理需求，能够以巧妙角度"蹭热点"，与"吃瓜"群众产生共鸣。在传统"新闻敏感"基础上，融媒体人才还应具有"语言敏感"，如使用网络流行语、表情包等，转变传统媒体生硬、严肃的传播模式，拉近受众心理。

对于融媒体工作人员来说，要想培养网感，就需要持续去海量的新媒体平台信息上面去搜索网络舆论、舆情，慢慢找到热议话题背后的一把钥匙。久而久之，可以做到主动地引导话题，获得共鸣。换种方式来说，网感即"有梗"，这种"梗"可以是表情包，可以是流行语，是网友间一种会心一笑的感觉。传播者首先自己应有网感，其次应该知道网友们所说的"梗"，相互调侃可助力传播，不懂则会产生代沟，

①搜狐网.高安市委宣传部融媒体中心招人啦[EB/OL].（2018-02-23）[2023-02-06].https://www.sohu.com/a/223715064_476981.
②杨晓.网络剧抓住网感[N].中国新闻出版广电报,2016-04-06(6).

影响传播效果。

当然,网感绝不是说对年轻网络文化的盲目追随,更不是刻意迎合受众的哗众取宠。一些有"网感"的新媒体人,有着非常善于制造舆论话题的能力,在微博、豆瓣等社交平台经常以发布一些断章取义式的言辞博得关注,获得非常高的流量和热度。但是对于"身兼重任"的融媒体平台而言,需注意自身形象,拒绝过度追捧流量而低端媚俗。因此,融媒体人才,既需追踪热点的敏锐,又需剖析其本质的洞察力;既要速度表现,又要有内容创作的质量追求。

(四)视觉化形态,强调视觉素养

从高频词"图片""设计""视觉""包装""视频"等都可以看出,招聘单位强调人才对视觉符号的处理能力。在"屏媒"时代,视觉信息随着移动传播随处可见,单一的文字符号已无法满足受众需求,"有图有真相"成为新闻报道的基本门槛。

我们生活在视觉图像时代,充斥着的视觉文化让眼球应接不暇。随处可见的巨幅广告,层出不穷的短视频App,比起文字,图像确实更加地清晰、直观、明了,文字是静态的,而视觉却是流动性的风景,更加吸引人的注意力。正如让·拉特利尔所言:"不能低估图像文化,尤其是动态图像文化,由于它们通过图像作用于情感,从而已经并将继续对表述与价值系统施加深远影响"①。人们对视觉图像的认知关系着人的价值理念、情感结构形成,而视觉素养在其中产生着至关重要的作用。

张志安认为视觉素养应当包括对视觉文本的认知、理

---

① 邱佳.媒体艺术的视觉素养[J].艺术工作,2017(05):36-38.

解、辨识、批判、呈现、表达六个层面,认为以短视频为代表的新兴视觉传播形式,开启了"视觉社交",与传统的"图文社交"相比,更加注重场景氛围的塑造、娱乐消遣的分享和注重场景氛围和特定情境的情感表达。[①]

其实和语言及其文字一样,视觉也承担着传播信息、传递知识、传达情感的功能。但和人们耳熟能详的前两者来说,人们对视觉的传播功能,还知之甚少。各类专业的名词,如画面比例、景深、光影、平衡等专业名词,专业人员通过不同场合中对这些素材的灵活调整,可以传达出不同的感情和戏剧张力。如张艺谋的电影,其场景的恢宏大气或者肃穆庄严,电影屏幕上的画面色彩起到了很大的作用,在台词和角色表演之后,更加营造一种剧情需要的氛围。对于非专业人士来说,日常生活中对视觉素养的需要也随处可见,手机拍照片怎样好看,拍完后选择什么滤镜,都是需要一定审美的。

融媒体人才视觉素养的进步,对于生产环境来说,创作高水平作品是对整个行业的环境优化,提升行业门槛。对于青少年来说,感知美的作品,引导其分辨美丑,是促使其提高综合素质的重要路径。只有见过什么是美的,才可知道怎样成为美的。纷繁的世界中,融媒体从业者作为生产者和把关人,应该拒绝暴力美学,从提高个人审美、个人视觉素养为始,承担起引导青少年感知真善美的责任。

具体而言,融媒体人才首先应在素材拍摄、搜集等采集过程中判断视觉符号使用的合理性与真实性。其次,还应

---

①张志安,冉桢. 短视频行业兴起背后的社会洞察与价值提升[J]. 传媒,2019(07):52-55.

具备解读各种视觉符号所蕴含的内涵和隐喻的能力。最后,应具备较高的审美水平,能够进一步加工、编排、设计视觉符号。如广西区委融媒体中心招聘编辑,要求对视觉元素敏感,有良好的审美观,有良好的图片组织编辑能力①。

(五)政治化归宿,强调舆论引导能力

"政治""政务""主流""宣传""服务"等高频词说明了融媒体建设的落脚点。从2018年8月21日,在全国宣传思想工作会议上,习近平总书记提出要抓好融媒体中心建设,打通媒体融合"最后一公里"。融媒体中心的诞生就是因为政治使命,为了基层的政务宣传,为了坚守基层舆论阵地。

再到2019年1月25日,在中共中央政治局第十二次集体学习讲话中,习近平总书记再次强调了推动我国媒体融合的重要性,为了积极有效巩固现有的传播果实,势必要继续利用好科学技术、信息手段,推动我国媒介融合持续、纵深发展。

至2019年10月31日,党的十九届四中全会召开,会议中强调构建新型传播体系,内外联动,上下一体,互帮互助,传统媒体和新媒体共同发展。同时,提出"加强系统治理、依法治理、综合治理、源头治理,把我国制度优势更好转化为国家治理效能"②。融媒体在与地方政府职能部门的深度融合中,在基层治理方面发挥着重要作用。

国家高度重视融媒体中心的建设,这是因为在融媒体时代,技术赋权带来的表达权的泛化改变了传统的传播结

---

①广西人才网.共青团广西区委融媒体中心公开招聘方案[EB/OL].(2018-07-17)[2023-02-06].https://www.gxrc.com/.
②鲁艳敏.融媒体中心建设及其舆论引导力提升[J].传媒,2019(23):8.

构,"去中心化"效应凸显,手机为舆论传播的主要工具,微博、微信等自媒体平台成为公民发表舆论的主要平台,却也成了滋生网络谣言的土壤。甚至有些自媒体为争取流量,对事实歪曲报道,严重影响社会秩序。因此,融媒体中心不仅承担着宣传政务、解读政策的功能,更重要的还应在突发公共事件中及时揭示真相,扼杀谣言,维护秩序,引导舆论。

这就要求融媒体人才必须政治立场坚定,加强对政治理论的学习,提升政治素养和政治敏锐性,具备宏观视野和大局思维。充分地利用新媒体技术,以政务与服务紧紧黏附受众,提供新闻信息服务,实现有效传播,达到传播和塑造意识形态的目标,为经济社会发展助力,真正做到"不忘初心,牢记使命",切实为人民谋幸福、为民族谋复兴①。

第三节　融媒体人才的现状及原因分析

一、融媒体人才的现状

在探究了理想需求之后,我们需要回到现实,关注目前我们的融媒体人才队伍现状如何? 目前有哪些人才困境阻碍着融媒体纵深发展? 为解决这些问题,除大量阅览新闻、融媒体官网、查找文献外,笔者进一步访谈了相关融媒体机构的工作人员,共访问二十二名相关从业者,地域范围覆盖西部地区、中部地区、东部地区;职业范畴包括管理层人员

①王哲.融媒体人才需求困境与对策研究[D].南昌:南昌大学,2020.

和普通从业者,覆盖了记者、编辑、运维、财务、推广专员等人才。因隐私问题,本文在后续研究中将其分别编号处理。九名西部地区的从业人员分别A1-A9;七名中部地区的从业人员为Bl-B7;六名东部地区从业人员依次为C1-C6。笔者将访谈内容融入后续研究中。

在访谈中,笔者整体上有以下三点观感:第一,基层传统媒体的式微难以避免,对于一些地方而言,建设融媒体中心不是自救,反而加重了负担。第二,我们需警惕目前融媒体建设中脱实走虚的倾向,"只有领导来了才打开大屏"的情况并不是少数。第三,相较于发达地区融媒体建设进程来说,欠发达地区的建设困境更加突出与迫切,"新人进不来、老人出不去、人才留不住"是其人才队伍建设的真实写照。本研究聚焦于人才,因此本章不再赘述其他方面的现状,主要探讨融媒体人才队伍的建设。

朱春阳认为在如今融媒体建设的第一阶段,在人力资源配置上,从事新媒体的人才占比应该在融媒体中心领先。这是判断融媒体真融合还是假融合的重要标志[1]。通过这点在调查、访谈中发现,"假融合"还是广泛存在的。如中部某融媒体中心的受访者B2介绍道"……我所处的融媒体中心有九人,其中有八人为文字编辑,一人为视频后期,结构比较单一,所从事的工作也主要是内容编辑……"受访者A8谈到,"……有六人,去年招聘了一个融媒体编辑,其余人是从原来部门抽调过来的……"总体来说,在传统媒体整合之后,当前融媒体中心存在的核心问题是人员总量过剩与人

---

①朱春阳.融媒体中心建设:经验坐标、发展机遇与路径创新[J].新闻界,2018(09):21-27.

才相对短缺并存的状况,性质同类的岗位设置较多,从业者也较多,而急需岗位的人才长期缺乏。主要表现在以下三方面:一是人员队伍老化,新鲜血液流入较少;二是人才素质不高,缺乏高层次人才;三是人才队伍不稳定,缺乏长期吸引机制[1]。

(一)人员队伍老化,新鲜血液流入较少

融媒体的组织架构多是由宣传部带领,进行自主的机构整合。在北京大学新媒体研究院的调查报告中,数据显示,其中66.5%的县采用"自办"模式,设有统一管理各新媒体平台建设的部门或机构。且仅有20.7%的县制定了面向新媒体平台运营的人员机制[2]。

相对来说,这种人员变革机构的覆盖率还是较低的。这实质上说明在融媒体建设开展后,绝大多数媒体都仍然沿用着传统的组织形式,并未有深刻的变革来支撑融媒体中心的设立。

在对工作人员的访谈过程中,也可以发现,事实的确如此。在融媒体机构内,人员队伍较老化,比起调动新人才进行机构重组,大多的模式是原有的人员内部消化,内部调动,这也一定程度上可以解释官方数据显示在2020年前已经完成了全国范围内全部的融媒体中心挂牌成立,按理来说,新机构的成立是新鲜人才涌入的好时机,但相关的招聘信息却覆盖较少。如中部某省会城市融媒体中心的受访者B3表示,"从目前单位的人员构成来看,还存在年龄偏大、思

[1]孙海苗.县级融媒体中心人才队伍建设探析[N].中国新闻出版广电报,2019-10-29(004).
[2]谢新洲,黄杨.我国融媒体建设的现状与问题[J].中国记者,2018(10):53-56.

想不够新潮的限制存在,特别是要与商业媒体、新媒体甚至自媒体在内容上、速度时效性""三创方面进行竞争,就显得尤其力不从心、思想固化老化了……"西部某贫困县的受访者A3表示,"……我们单位这个融媒体中心只有一两个会使用新技术的人,不做事的小领导倒是有好几个……"

在调查中发现,尤其是欠发达省份的传统媒体单位,其上层和中层的领导干部都普遍年龄偏大,加之单位行政化运作多年,形成了僵硬、刻板的官僚文化。在移动互联网普及之前,传统媒体竞争压力较小,还有国家财政拨款,生存状况顺风顺水。正如受访者B2表示,"……这些领导干部们面对如今生存环境被挤压、收入日渐式微的状况,只能追忆昔日好时光,除了靠行政权力压制一线干活,实际上很难说有什么科学管理水平,更遑论有什么领导艺术和魅力……"最后总结道,"……所以,融媒体经营管理的新要求就是跟上形势,懂业务,能领导年轻化的团队,尤其是要拥有基于融媒体的经营创收能力……"

可以说,队伍人才老化问题,严重影响着融媒体机构的创新发展和引流问题。

(二)人才素质不高,缺乏高层次人才

传统媒体内部不缺人,但是缺乏急需岗位的人才。尤其在一些欠发达地区,能够开发或者维护系统的技术人才更是寥寥无几,往往都是需要外包给专业单位来开发。在对融媒体从业者的访问中,针对"您目前所在的融媒体中心人员素质如何?""您所在的融媒体中心较缺哪类人才?"通过受访者们的回答,可看出因为薪资较单薄而又工作压力大,受访者们普遍表示,在当前的硬件、软件等条件的限制

下,力所能及做得还不错。但同时也表示,这样的人员组合还是不够的,无法应对长期的媒介竞争。

总而言之,当前融媒体建设最需要的是以下四类高层次人才:一是拥有先进理念的管理型人才,二是可以熟练操作的技术型人才,三是掌握多种技能的复合型人才,四是能够创造收益的营销类人才。如受访者B1表示,"……但是缺乏专业的新媒体技术人员,如H5开发,客户端技术,网页开发等人才……"受访者B4表示,"……一是缺乏高技术人才,互联网是科技行业,但中部地区的省级媒体显然无力吸引优秀的高科技人才,现有技术人员只能维护不能开发产品。二是缺乏高素质的营销人才,既无法满足客户需求,也无力打通各个环节。当然,这类省份经济落后,加上经济下行,也无力支撑媒体发展和吸引高素质人才,这是无法回避的大环境……"受访者C2表示,"……我们文字编辑能做的就是照猫画虎,也不敢怎么创新,有些敏感话题会被封号的,就是看别人发什么我们就发什么,工作也不难,有时候手机上就能完成,就是感觉做的事情很没有创意……"

受访者C5是一名计算机专业的毕业生,他谈到"我们计算机专业的毕业生薪资整体来说是比较高的,尤其我一些进大厂的同学,像我这样进地方小单位的可以说非常少,收入算是同期最低的……"这侧面可以解释为什么半数以上的受访者都提到缺少技术类人才,因为新闻传播类专业的毕业生甚少学过开发、编程等技术,而技术类人才都倾向于进互联网企业,较少选择传统媒体,尤其知名度小、薪资低的基层传统媒体。

（三）人才队伍不稳定，缺乏长效吸引机制

媒体人才队伍不稳定，流动大，使得人才培养难。在欠发达地区工作的从业人员，一般是拥有本地户口的人员，尤其在采访本地新闻时，熟悉的方言、当地的人脉这些都成为媒体从业人员发展的资本，外来人员就需要更大的精力去学习掌握方能立足。但是与此同时媒体缺乏广告收入，而且平台的覆盖率、传播力、影响力等都不占优势，人才渴望流入更有经济实力，更具影响力的平台。因此，往往很难留住外来优秀人才。造成了人才队伍不稳定，流动性较大，长期吸引机制不足的问题。

尤其对于这一类地区来说，由于待遇、环境等原因难招到优秀人才，越是人才少，又管制越严的地区，发展活力就越小。普通的采编人员，月收入在三千元左右，少一点的只有两千元左右，对于要承担起家庭重担的工作者来说，比较困难。在国家某贫困县融媒体中心工作的A1在受访中提到"……上次我们单位人才引进嘛，招了一个211学校的研究生，结果来单位看了一次后就说宁可交违约金也不来了，这也怪不得人家嘛，单位情况就是这样，缺设备……"

二、追因：媒介生态论视角下的融媒体队伍建设偏差

在前文的研究过程中，笔者发现融媒体中心招聘中所需要的人才与现实中实际的人才队伍存在着明显的偏差？为什么会产生这种偏差，这将是本章要探究的问题。在本部分，将会运用利用媒介生态学的原理，来探析融媒体中心的生态环境，以及在此生态环境中的相关因素对建设融媒体人才队伍的影响。

　　自然界中不同生物都有着各异的赖以生存的自然生态环境,生态环境的优劣程度直接关系到生物的生存与发展。在上一章的研究中,发现不同地区的人才队伍建设有着非常明显的差异,融媒体中心的发展显然受到其生态环境的制约。邵培仁认为,媒介生态有传者、信息、符号、媒介及受众生态这五项主要内容①。这其中的"传者生态"正是融媒体从业者的职业生态,在融媒体机构内部,"传者生态"本身就已经是一个完整的生态系统。因此,针对融媒体人才队伍建设,理想需求和现实境况存在着偏差,本章将从外部社会环境和融媒体机构内部两个方向来剖析,即融媒体外生态环境、融媒体内生态环境。

(一)外生态环境

1.政治生态:融媒体机构定位不明确

　　传媒业的政治生态环境是指制约和影响传媒管理和运作的各种政治因素及其运行所形成的环境系统,具体表现为传媒的制度环境②。"名不正则言不顺",在我国现行管理体制内,有没有明确的组织定位,对一个机构发展影响巨大。融媒体中心建设面临的首要问题就是明确机构定位,设置统一的领导或管理部门,做到权责明确清晰。北京大学新媒体研究院在2018年10-12月开展的调查结果显示,"72.3%的县专门为融媒体中心进行了组织架构调整,这些调整均未触及根本的体制机制,只有不到一半(46.8%)的融媒体中心拥有独立的机构番号,大部分融媒体中心都没有

---

① 邵培仁. 媒介生态学一媒介作为绿色生态的研究[M]. 北京:中国传媒大学出版社,2008:8.

② 罗以澄,吕尚彬. 中国社会转型下的传媒环境与传媒发展[M]. 武汉:武汉大学出版社,2010:5.

解决行政管理归属问题,从而阻碍了其一体化的组织结构和工作体系的建立"①。比如受访者A3表示,"……政策一声令下,但事实上我们很难进行改革,县级台长期羸弱,一朝一夕会有什么剧变呢?推行的难度太大,只能又不得不暂时维持着现状。而且事实上这个融媒体中心的定位都是模糊的,以前的工作和新工作还都要两手抓,又缺人,很难做好……"

2.经济生态:区域经济水平发展不平衡

传媒业的经济环境是指影响传媒生存和发展的外部经济政策、社会经济水平以及行业发展状况等,具体表现为影响传媒产业运行的经济关联要素②。经济基础决定上层建筑,我国东西部的经济发展水平差距较大,尤其对于欠发达地区来说,没有充足的资金,连像大屏幕等设备的购买、安装都成问题,还谈何后续发展。资金问题是融媒体建设过程中的大难题。受访者A9是名财务人员,提到"……我们的掌上××平台是投资二百三十八万元建成的,现在每年还要市财政继续配套约一百三十六万元来维持……"

3.文化生态:人才培养滞后,业界学界供需不平衡

"一次采集、多重生成、多元发布"的全媒体矩阵传播格局势必对新闻从业人员提出更高要求。但是就现状而言,笔者通过对国内一些高校的调查发现,目前新闻传播高校的教学模式与业界需求相比,存在一定的滞后性。主要表

①谢新洲,朱垚颖,宋琢谢.县级媒体融合的现状、路径与问题研究——基于全国问卷调查和四县融媒体中心实地调研[J].新闻记者,2019(03):56-71.
②罗以澄,吕尚彬.中国社会转型下的传媒环境与传媒发展[M].武汉:武汉大学出版社,2010:5.

现在以下几个方面：

　　首先，在课程设置上，目前国内的相关新闻传播主要覆盖的专业有：新闻学、传播学、广播电视学和播音支持等专业，部分高校开设了网络新媒体。在开设的课程上，一般包括的课程设置大多还停留在以不同媒介分类的形式上，如报纸报刊课程、广播电视传播课程、网络传播课程等。实力较强的高校近年有逐渐从传统媒体课程向媒介融合课程变化的趋势，但对于大多数高校来说，依旧停留在界限分明的课程设置上，难以适应融媒体环境。而且发现较少有新闻摄影、新媒体技术之类的课程，说明国内高校的课程设置偏重于理论知识，缺少实践操作。

　　其次，在师资队伍上。大多数高校新闻传播院系已经有职称、资历等大致分布适当的人才队伍。在对教师的选拔和任用上，双一流类的高校对拥有博士研究生学历是入门前提，对有着国外学习、访问或者交流经验的人才更为青睐。一般都有业界从业经验丰富、拥有实务经验的人才，但占比不高，只有个别教师，这也可以解释为何较少开设实务类课程。

　　最后，在教材设置上。高校均重视以马克思主义新闻理论为主的教材建设。除经典的《新闻学概论》《传播学教程》外，部分高校沿用的教材为本校教师参与撰写、编辑的教材。尽量采用本土教材，教师对其理解更深，而且可以激发教师的教学积极性。一些有知名度的教材，也有利于高校在学术圈内提升知名度，扩大影响力。通过调查研究发现，高校使用的教材倾向于经过历年验证过的经典教材和本校特色教材相结合的方式。因为课程设置本身偏传统，使用的教材也缺少时代性、较为滞后是显而易见的。而且教材的编写、审核、试推行等需要很长的时间才能推行,但技术一路高歌猛进,推动着传媒市场日新月异,难以短期快速跟上业界动态。

综上,毕业后的高校学子们,因学过的理论知识与现实操作有出入,缺乏实践经验,常常难以满足用人单位需求。这也可以解释为何诸多传媒单位会强调"有经验者优先。"比起高学历,高经验者更能节约用人单位试错成本。

(二)内生态系统

1.内部体制固化,晋升渠道稀缺

对于融媒体内部来说,因为体制原因,其领导人往往需要考虑到更多上级管理以及公共利益和整体形象,较难轻易变动做出决策,尤其层层上报等严格流程更是影响领导人的决策发挥。在访谈中发现,部分融媒体中心设立后,新加入了原基层政府宣传部的工作人员,具有更浓厚的行政单位性质而非传媒单位。

大多数融媒体中心的组织架构调整未触及根本,机构内部人员冗杂,编制空余较少,但又缺少新人才,只能发布招聘编外人才公告,或者招聘合同工、临时工。因为编制问题有重重的审核,事业单位招聘人才,往往是通过统一考试的形式招聘,而面试选拔人才时,事业单位大多数又是严格按照结构化面试来招聘,这样重重笔试、面试后,选拔到的人才很可能又是和单位不对口的。如果通过人力资源市场等招聘人才,则人员流动性又较大。此外,合同工、派遣工等岗位对于求职者来说,既然没有丰厚的待遇,还解决不了编制问题,随时都要承担被辞退的风险,该岗位并不具备十

足的吸引力。对于融媒体机构来说，解决不了内部冗杂问题，招聘难就是显而易见的事情。

如西部某省会城市融媒体中心从业者A6表示，"……我们单位有编制的人只有三分之一，其他真正做事的大多都是合同工。而且有编制工资要高，劳酬失衡挺普遍的……"

事实上，在访谈过程中发现，被编制困扰着的从业者不是少数，经济发达地区或不发达地区都存在着之类问题。甚至对于发达地区从业者来说，因为竞争压力大，生存压力大，工作任务不轻，这种焦虑心态更加明显。由于编制问题，收入和付出不对等，影响了一部分人的工作情绪和工作积极性。在谈话中，另一位被访者C5谈到"……有些让人不满的现象由来已久，可是没办法，你不做了有人等着做呢，只能心里委屈着，谁叫没考到编制呢……"

晋升渠道的匮乏也是影响融媒体建设的一大因素，如受访者C6也谈到"升职这种事情比较渺茫吧，从来没想过，刚转岗到这里也没多久，不知道以后会怎么样……"

2.行业收入偏低，薪酬体系不完善

我国传统媒体是普通事业单位，长期依靠财政拨款运维，本来就收益较低。再加之近年来互联网的冲击，收视率等更为惨淡，缺乏广告收入和其他获利来源，自收自营能力较弱。而且因为其事业单位性质，又难以进入市场竞争大潮。尤其在欠发达地区，甚至有的基层广播电视台有发不出工资的窘迫现状，其建设融媒体，必然承受着经济压力。兵马未动粮草先行，解决不了资金问题，融媒体建设将难以推进，只靠口号和情怀吸引不到人才，也留不住人才。

在和某台领导的谈话也能感受到这一情况的不容乐

观,A7作为管理人员,说"……我承认,大锅饭的现象确实存在。其实说实话,不仅仅是融媒体中心,我们整个广播电视台都处于这种尴尬的境地,很难融入市场的大潮中,可以说,我们已经落后太多了。难以维持,又不得不持续运转。但我们是持续在探索的,怎么能争取让更多人满意……"

在曾经,新闻传播工作者被誉为"把关人""无冕之王",拥有较高的社会地位和声誉。而如今,有些基层从业者被戏谑为"新闻民工"。传统媒体行业内部,更是不可同日而语。

3.审核重重,职业倦怠

在访谈过程中,有半数以上的从业者都提到了如今新闻业内审核过于严格的问题。如用到"不敢发啊""怕封号""怕给单位惹麻烦"等不同表述。这一点一定程度上可以解释某管理者A7在访问中提到的,"……目前我觉得融媒体人才队伍的建设困境,很重要的一点是年轻人创新力不够,怕动脑子……。"事实上,年轻人并不是没有创新力,怕思考,而是因种种外界限制。如受访者C1的回答较有代表性,谈到"我大学学的专业是汉语言文学,但当初之所以选择进媒体工作,其实是因为我看了东方时空的一个纪录片,叫《点燃理想的日子》。讲的是东方时空早期的新闻人为了新闻真相而奔波、奉献的故事,看得热血沸腾。因为我觉得媒体是伸张正义,监督权力的。记者被称为"无冕之王",我也认为这是一份荣誉感、责任感很强的工作。但是你怀揣着美好抱负工作了就会发现,条条框框太多了,再加上,当你知道工资和发稿是直接关联挂钩时,就会更谨慎了。而且当你花费很多工夫和精力写好的稿子被毙了后,那种打击是非常大的……"

　　这位被访者反映的心理倦怠非常典型。事实上,在生物界,趋利避害,躲避风险,是动物生存的本能。一方面是燃烧着的职业理念,另一方面是不得不妥协的现实。世界并不是非黑即白的,成年人不得已调整自己、改变自己,来适应社会的节奏。为了稳妥,只能渐渐收敛一些积极性和"打破砂锅问到底"的精神。长此以往,在工作中,会失去许多的激情和工作积极性。尤其当自己花费了许多心血做的工作成果被否定时,打击会很大,在下次选择时,为了避免再次受到伤害和打击,大多数人会选择稳妥和保守的做法。长此以往,会渐渐失去创新动力和挑战困难的信心,停滞在舒适圈。

　　4.专业技能培训较少

　　因高校的专业学习理论性较强,且较为滞后,大多数新人工作初要经过一段时间的适应期。单位要是有技能培训,对于新人快速适应环境,增加工作能力是十分必要的。在受访中,大多数受访者都提到单位有相应的培训活动,较多的是以讲座、参观形式进行。受访者 A8 是西南某县级融媒体中心的官方账号运维者,表示,"……我参加过的我们台的几次培训都是讲座,都是理论型的,还有台里组织去过旁边的大学听过一次讲座,都是讲得差不多,主题教育活动比较频繁……"C2 是南方某沿海城市官方微信号的运维者,他提到"……我们中心是会定期派出技术骨干到新华社总部去学习的,可以跟班学习一些如短视频、微新闻等的制作,这种培训还梃能学到东西的,就是被选拔上比较难……"

真正影响新人能力快速提升的,除自身主观能动性之外,很大一部分原因看有经验的从业者愿不愿意教导新人[1]。

第四节 融媒体人才队伍建设的对策建议

一、政策因地制宜,保障人才发展

在制定相关政策和融媒体试行方案时,政府有必要根据不同地区,省市或县的实际情况提供指导和建议。前期做好相关调查,了解当地的经济发展水平,社会况,因地制宜地进行融媒体本土化建设。在实施政策的过程中,有必要区分不同情况,科学准确地了解本区发展的可能性、多样性,并根据实际情况进行持续后期指导和扶持。

在实际推行过程中,人口数量多、地域面积广、经济较发达的地方,建设水平和执行标准可以相应的提高。而对于整体条件较差的地区,应该要以可操作性、实用为主要目标,不可盲目模仿其他地区建设经验,造成资源浪费,难以持续发展。总之,各地应结合各地特色,创建出一套可以满足当地需求的融媒体发展模式。

此外,应采取"试点先行,逐步展开"的方案,并根据多方衡量设置部分先行示范点,在发展相对成熟并形成可推广性经验以后,再在各地区推广宣传其先进经验。还可形成先行示范点带动、指导后设置点的发展模式,共享经验,

---

[1]王哲.融媒体人才需求困境与对策研究[D].南昌:南昌大学,2020.

提高全国融媒体建设工作的效率。在一些国家贫困县级地区,可以与省市级地区建立共同的融媒体中心,待时机成熟时再自行建设。因此,在融媒体建设过程中,采取分步式、渐进式、先易后难的融媒体建设方案更契合我国的实际情况。

综上,如今全国范围内融媒体建设的第一阶段已经基本完成,在下一阶段,政策更需做好统筹安排,巩固成效,及时调整,以便进一步发展。

二、业界多措并举,优化人才队伍

人才是制约融媒体中心发展的一大瓶颈。要想使融媒体建设步入正轨,发挥其应有的价值,最要紧的就是加强融媒体中心内部的革新,多渠道吸引人才,提升人才队伍素质。要想同时做到人才数量和质量双提升,一方面要"精准增量",通过补短板来引进急缺人才;另一方面还需要"赋能存量",着力提升优化现有的人才队伍[①]。

(一)精准增量,引聘急需人才

通过前期研究,发现融媒体机构内,人才队伍不平衡是较为普遍的情况,某类人才集中,而其他人才较为缺乏。尤其缺乏复合型人才和技术类人才,营销类人才等。因此,新形势下,首先应该完善招聘体系,积极探索如何选人、如何更好的用人,如何培养人才尽快适应工作,以及在后续发展中如何留住人才,实现人尽其才、才尽其用、用当其时。

第一,拓宽引才渠道,制定特殊政策。在招聘阶段,根

---

①孙海苗.县级融媒体中心人才队伍建设探析[N].中国新闻出版广电报,2019-10-29(004).

据实际需要拟定招聘计划,严格把关,避免暗箱操作等利益勾当,公平公正公开地选聘优秀人才。除了常规招聘,还可与本地优秀企业、互联网公司等积极合作,通过特聘、特邀等多种方式接触到优秀人才,为己所用。同时,针对一些急需的特殊岗位人才,可制定引进特殊人才的特殊政策,灵活调整,随时应需,可为引进特殊人才、高端人才、领军人才大开方便之门。比如浙江安吉新闻集团推出的"天使创业基金""企业年金制""特殊岗位年薪制",江苏邳州广电实施的"双特机制",值得各地借鉴和效仿。

第二,完善薪酬体系,创新激励机制。没有合理的薪酬体系和用人制度,人才难有长期归属感。合理的薪酬体系可分为增加工资收入等物质文明奖励和表彰等精神文明奖励,应该坚持工作能力和业绩为主导,避免以身份、地位等为评判标准,完善绩效工资分配体系和多种奖励政策。在融媒体业内,要让基层岗位、关键岗位、采编岗位等的工作人员感受到付出的劳动是有价值的,充分地激发他们的工作活力和动力,将事业单位体制下的"养人"变成市场经济下的"养事"。

第三,优化管理模式,创建平等工作氛围。融媒体行业内应该形成轻松、平等的工作氛围,同事之间积极合作,齐心完成工作任务。拒绝因编制、岗位等问题产生矛盾,不能像访谈中发现的,让编制问题影响到同事之间的和谐关系,影响着良好工作氛围,有编制者将其他人视为临时工等,甚至认为自己已有"铁饭碗",推脱工作任务等。有平等、良好工作氛围的前提是管理层会选人、善用人,有能力调和下属矛盾,能够妥善安排工作任务。此外,在一些机构内,现行的管理骨干人才和专业骨干人才"双通道"管理等模式,不仅创新改变了以往都挤在管理层单一通道的晋升模式,而且专业的业务骨干人才还可以为基层人员提供更高效、更准确的业务建议,也为优秀专业人才的职业规划提供了新的思考方向、为优秀业务人员提供了新的职业发展空间。

(二)赋能存量,优化现有人才队伍

在融媒体中心的建设过程中,试图全盘换血是不现实的。因此。除了多方引聘急需人才,还需加强对现有人才队伍的培养和优化,促进传统人才转型,实现从单一型人才队伍向复合、全面、专家型人才队伍转变。

第一,现有从业人员应该提高思想认识,切实认识到,融媒体时代不变革即为倒退。一方面融媒体中心是党的宣传思想工作的重要阵地,从业人员应以政治意识为前提,以坚定的政治方向为底线,加强舆论导向能力,做主流舆论的积极引导者。另一方面还要有忧患意识,如今抖音、快手等短视频 App 下沉,所覆盖的受众越来越广,对于基层媒体而言,所能吸引到的注意力十分有限。倘若不改变传统宣传语式,积极与人民群众互动,传统基层媒体难以自救,除了做党的喉舌,上情下达之外,更需有活泼、亲民的传播语式,在激烈的市场竞争中,吸引受众。

第二,提升"四力"水平,坚定新闻站位。融媒体机构应通过具体实践,以及相关技能培训,不断提高融媒体中心人才队伍的脚力、眼力、脑力、笔力。脚力是指要深入群众,了解基层,要坚信"纸上得来终觉浅,绝知此事要躬行";眼力是指要有新闻敏感性,能够敏锐观察、鉴别周围发生的一切;脑力是指要有认识问题和分析问题的能力;笔力是指,对于优秀的新闻工作者来说,能否将感知到的新闻事实以生动、真实的笔触记录,有较高驾驭语言文字的能力。对于融媒体机构来说,其从业人员应坚持新闻站位,有扎实的新闻基本功,只有做好新闻本位,方可谈后续纵深发展。

第三,秉持"四化"原则,打造人才梯队。"四化"是指主业人才领先化、岗位结构多元化、从业队伍年轻化、人才梯队科学化①。打造科学合理的人才梯队,是保障融媒体中心持续产出优质作品的基础。要求一切融合改革的前提就是做好新闻工作,不可本末倒置。打造一支专业、多元、年轻、生机勃勃的人才队伍.是其长期发展目标。

三、学界与时俱进,培养融媒人才

从学界角度看,作为传媒人才后备军培养的基地,学界一定要高瞻远瞩。但目前我国大多数新闻高校的新闻传播课程还是以传统理论知识为主,人才培养模式固守僵化,缺乏实践操作能力。许多大学评定优秀老师和优秀学生的标准是发表学术论文的多少,忽略了对实践能力的关注和培养。而且因为科研任务、教学压力等较大,教师无暇顾及业界动态,教学理论与媒介实践相脱节。媒介融合越是深入,供求矛盾越是明显。常常表现在,部分学生毕业进入职场工作时,通常需要一段时间来适应工作节奏,甚至有些人一时无法适应工作压力、工作环境等产生逃避心理。在种种原因下,媒体内部为节约人力成本,在招聘时会优先录用有工作经历的人才。对应届毕业生来说,毕业即失业,难找工作等也会产生一定的心理打击。

---

①孙海苗.县级融媒体中心人才队伍建设探析[N].中国新闻出版广电报,2019-10-29(004).

因此,高校需与时俱进,跟上传媒业界的变革,作为人才的输送方,培养业界急需的人才。要提高学生的专业素质,为他们提供许多不同层次的实践平台。实践内容必须与互联网媒体和新技术的实际情况相吻合。同时,要培养有新闻职业操守的人才。

(一)改进高校课程设置

融媒体环境下,我国大多数新闻传播高校的学科设置还是以某类单一媒介为分隔设置专业和课程,如报刊编辑学、广播电视学等,有的高校设置了网络新媒体课程。总体而言,甚少体现出"媒介融合"。因此,学界应与时俱进,首先应做的便是改进学科设置,体现出融合而非壁垒分明。

黄旦提出,当前新闻传播的学科建设,必须有一个整体的转型,在思路上有根本性变化,而不是在原有框架里剪裁粘贴,化出一个又一个的所谓"二级"或"三级"学科[①]。在高校人才培养模式的转型中,也首先该是思维方式的改变,互联网思维应该贯彻在教学研究的过程之中,网络社会是一种新的社会形态,人们如今生存于其中。因此,并不能仅仅将互联网认为是一种传播方式,一种新技术。无论是传播学,还是新闻学,或者其他专业,互联网社会都是大背景。

另外,在学术研究方式上,强调人文素养和社科方法结合。培养学生的基础人文素养是根本,但一些技术素养也十分重要。如数据素养,有大数据挖掘、分析能力,在新闻工作中,可以起到事半功倍的效果。融媒体时代的优秀人才,应该是有温厚的人文情怀和审慎的理科思维的人才。

---

①黄旦.整体转型:关于当前中国新闻传播学科建设的一点想法[J].新闻大学,2014(06):1-8.

(二)加强校内跨专业合作

在综合性的高校内部,新闻传播专业可以与其他专业实行共享教学资源,不仅可以和文科类专业积极交流互动,还可联系其他理工科类专业,如数学专业、财经类专业、统计学类专业等。为提高学生的美学视觉素养,还可以借鉴艺术类专业经验,分享教学资源。同时,新闻传播类专业也可以为其他专业做宣传、报道等,互相合作。而且对于一些专业领域的记者,如财经记者、农业记者、体育记者等,更需要对相关领域的充分了解,校内不同院系间的合作,也就显得更为必要。在某些专业性较强的传媒类高校内,不同细分专业之间的互补性也可以更强一些。

融媒体背景下,如今但凡有影响力,较为知名的新闻作品,大多都是团队互相合作的结果。近水楼台先得月,校内跨专业合作可以锻炼学生的合作能力,可发挥各自不同专业之间的优势,发挥团队精神,广开思路,多维合作。

(三)增强社会多实践合作

传媒是一个需要和社会打交道的行业,单纯的"书中自有黄金屋"并不能满足传媒业内的需要。因此,从社会中学得知识和能力,最后再回归社会,在社会中得到经验,是一个合格的传媒人该有的历练。如何快速进步,最要紧的就是时刻关注业界动态,与实践紧密联系。

除在学校习得相应的理论知识外,融媒体人才需要把握好实习机会,深入传媒行业内,无论是新媒体行业还是传统媒体领域,前辈们的经验都是在社会实践中磨砺出来的,对于初出茅庐的新人来说,谦虚请教从业经验,积极吸取经验教训,可让自己在职业生涯中少走弯路。很多时候,年轻人在工作中产生的畏难、逃避情绪并不是因为工作任务复杂,工作难度大等,而是因为陌生感,不熟悉产生的恐惧。

所以,建议院系负责人或者老师可以联合业界媒体,为学生提供实践渠道或者鼓励学生勇敢走出校门,在假期或者其他课余时间去业界锻炼。在此过程中,可以以实践为导向来进行教学改革,并且学生也可以在参与社会实践期间做调查课题等。只要知道业界需要什么人才,业界在发生什么,学生才可以在求学过程中不断调整自己,不断重新定位,做社会需要的人才,避免到"毕业即失业"的地步。

(四)新形势下新闻道德底线培养

关于新闻从业者的职业操守这一话题,历来屡见不鲜。但如今技术日新月异,"人人都有麦克风"的时代,对新闻从业者们的新闻素养提出了更加严格的考验。

高校在培养未来传媒人才时,应时刻强调新闻专业主义的重要性。流量为王还是内容为王?应该是内容为王,融媒体人才承担着引导舆论,宣传基层治理声音的作用,更需要做好内容,为群众服务。

时刻牢记新闻底线,注重新闻专业主义,这是任何时代,都必须强调的课题①。

---

①王哲.融媒体人才需求困境与对策研究[D].南昌:南昌大学,2020.

第八章 基于体制机制创新的融媒体深度发展路径

第一节 融媒体管理概况及机制创新的策略思考

一、融媒体管理概况

（一）新时代下融媒体发展管理内容的变化

融媒体发展是时代发展的必然趋势,也是治国理政的重要渠道,融媒体中心在明确这一点的前提下,要针对融媒体发展的管理策略展开研究,内容是基础保证,先要优化管理内容,明确融媒体发展管理内容的重点,围绕重点制订计划和方针。

1.媒体渠道的变化

在新时代下,融媒体发展管理内容最显著的变化是渠道的变化,这种变化趋势给融媒体中心工作的开展带来了困难和挑战。为了实现理想效果,在新时代下保证融媒体管理策略,融媒体中心从业人员必须要紧跟时代发展的步伐,切实理解媒体渠道变化对工作带来的影响,做好宣传与传播工作。领导要明确自身职责和使命,建立健全科学合理的管理制度,强化队伍建设,成立宣传机构、新闻中心等。各个部门要在各司其职的基础上加强配合,在协调合作中互相促进,共同为保证融媒体管理计划的顺利实施和高效开展提供助力和保障。

2.新闻流程的变化

融媒体中心在重构宣传渠道之后,还要针对新闻传播流程展开研究,传统的节目流程一般是由节目编辑部门先行完成,再将基本制作好的节目推送到各个部门,在相应服务器内存储和播出。这个过程需要浪费大量的人力资源,还容易出现节目信息泄露的风险。在融媒体时代下,在节目初步打造完成之后,负责人员可以将其一次性地传递到多个服务器内,只需要采集一次信息就可以实现良好传播和宣传效果,一定程度上简化了工作流程,在人力、物力、财力等方面都能够有所优化和完善。

3.节目品质的变化

随着信息技术和科技水平的提升,人们的物质生活水平越来越高,当人们的物质生活水平得到满足之后,对精神层面的追求就会不断提高。因此针对融媒体发展管理策略的研究,必须要保证节目品质,在保证节目内容真实性、多样性的前提下,还要注重播出效果,如画质、音质等。融媒体中心在发展和变革中,要在创新的基础上做好节目品质的监督和优化工作,以此来吸引受众关注,满足受众精神需求。无论是节目信息采集、编辑还是输出等流程,都必须要以合理科学的手段完成工作任务,按照工作要求认真贯彻落实,做好监督指导工作,全面突出节目形态建设。

4.工作机制的变化

正所谓“没有规矩,不成方圆”,科学完善的工作机制是保证融媒体发展管理策略实施效果的重要保障。部分融媒体中心在发展初期并不具备完善的管理机制,这就导致在工作过程中经常会出现责任不明、工作效率低下等问题。在新时代下对于融媒体发展管理策略的研究,必须改变以往的管理模式,建立健全工作机制,以明确严谨的内容规范工作人员的思想和行为,做好人才管理、绩效考核、流程监控等工作,将各个工作环节科学衔接,推动融媒体中心的成功改革。以科学完善的工作机制作为支撑,为融媒体中心的发展提供全面保障。

(二)新时代下融媒体管理技术的变化

新时代下想要推动融媒体中心健康稳定的发展,优化管理内容是第一步,在此基础上要针对融媒体发展的管理技术展开思考,将内容与技术相结合,实现理想工作效果,完成既定工作目标。

1.中央厨房模式指挥中心

新时代下融媒体发展管理技术的变化主要体现在以下四个方面,其中中央厨房模式指挥中心的构建是基础前提。任何一项工作的开展都必须要有一个明确的中心,在目标的指引下完成相关工作,保证工作效率,完成工作计划。对于融媒体的发展,融媒体中心要紧抓重点,贯彻落实,通过建设指挥调度中心将其作为工作枢纽,为融媒体的发展提供明确方向和目标,避免在后续工作开展的过程中出现偏离问题。指挥调度中心要按照相应标准严格管理,从多个角度展开分析和思考,做好日常工作内容分析、新闻热点整合、资讯查询、线索搜集等工作,发挥积极正向的舆论引导作用。

2.发挥互联网思维优势

在新时代下对于融媒体的发展,管理技术十分关键,在管理技术的改革与创新中要充分发挥互联网思维优势,正所谓"思想决定行为",如果思维不过关,很难实现理想的改革效果。融媒体中心领导必须要打破常规,将媒体服务、党建服务、政治服务、民生热点等板块有机整合,充分体现融媒体中心服务群众、深入群众的特征。在新媒体的选择上主要可以分为视频向和资讯向,在视频上可以与优酷、腾讯、爱奇艺等知名App进行合作,为受众提供优秀的视频节目,而在资讯向里可以选择与今日头条、微博等新媒体平台进行合作,为平台受众提供城市的实时热点。大的媒体平台可以为电视台提供新鲜的流量,融媒体中心要在保证流量与自身经济利益的情况下,再去选择一些有发展潜力的平台去进行考察,设立考察小组,可以对其进行试投。

3.强化党建服务建设

融媒体的发展需要党建部门的正确引领,在新时代下融媒体中心要提高对党建部门建设的重视程度。如在融媒体中心官网上设立党建服务、民生咨询、信息发布等板块,用户可在App上搜索、浏览、观看所需要的信息。在选择素材时要以本土化输出为主,以便本城市人群更好地接受融媒体中心的价值推送。当融媒体中心推送具有价值的信息之后,自然会吸引到城市人群的注意,达到引流吸粉的效果。

4.推进政务服务建设

在利用移动App打开传播和宣传渠道的基础上,融媒体中心还要针对管理技术展开更加全面的研究,通过融媒体多样化功能推进政务服务建设,让其中的多样化信息能够实现更好的对接,将政府部门与融媒体中心功能相结合,通过将多方资源充分整合实现理想效果。政务服务主要包括政府新乡村建设、社保查询、违规查询、税务咨询、环保咨询等,这些都是民生热点问题,受到了大多数用户的关注。融媒体中心要将这些服务内容体现在移动App中,打造生活化手机端App,在App中设立政务服务和为民解忧等板块①。

(三)当前融媒体管理的瓶颈与问题

媒体融合虽有国外经验可以借鉴,但环境不同、国情不同,媒介发展状况的差异决定了我国媒介融合之路不能照搬照抄。在"三步走"的发展过程当中,出现了各种各样的问题,成为制约我国新闻生产力发展的瓶颈,主要表现为②:

业务简单叠加,并非真正融合。把融合的重点放在开通网站、推出手机报、开通官方微博和微信、开发手机客户端上。在形式上增加了很多新的传播平台和传播渠道,但本质上是信息的重复发布,没有实现内部生产要素与媒介资源的有效整合,是机械堆砌的物理叠加,而没有产生化学反应,更无法形成促进媒体融合发展的组织架构、流程机制、传播体系等。

唱衰传统媒体,倚重新兴媒体。具体表现在三个方面。一是认为媒体融合就是开办新媒体业务,创建新媒体机构,而不是创新管理机制,传统媒体和新兴媒体各自为战,各管一摊,没有形成紧密联系和资源共享。二是将媒体融合看

---

①文爱凤.新时代融媒体发展的管理策略探究[J].中关村,2022(07):110-111.

②李强.融媒体管理的瓶颈及突破路径[J].中国广播电视学刊,2016(03):52-54.

成新媒体取代传统媒体的过程①。其实,媒体融合发展不是简单替代,而是共生共长,要发挥自身独特优势,找准运营模式和发展方向。三是唱衰传统媒体,屏蔽传统媒体的优势,放大传统媒体的不足和面临的挑战②。其实,传统媒体在内容生产、人才资源、品牌影响力等方面具有天然优势,其长期形成的公信力是媒体融合发展不可或缺的重要资源。

技术支撑不足,研发力量薄弱。技术革新是推动媒介发展和传媒变局的重要力量,"媒介即信息"。推动传统媒体与新兴媒体融合发展,技术支撑是无可或缺的基础条件③。当前,传统媒体在新媒体技术方面的人才严重不足,研发力量比较薄弱,在与商业网站、社交平台、专业客户端等新兴信息传播媒介的竞争中处于被动地位。

突出单个项目,缺乏总体规划。推动媒体融合发展必须加强规划引导和战略统筹。"传统媒体都意识到了媒体融合发展的战略意义和紧迫性,但处于干着急的状态,不知道自己要干什么,有的铺摊子,搞全媒体,今天建网站,明天推官微、客户端,成了网络大全,却没有特色项目、特色产品;有的热衷于短平快,什么来钱快就干什么;有的缺乏可行性论证,跟着感觉走,钱砸了很多,但是收获寥寥,甚至以失败收场;有的忽视了内容生产导向,甚至忘记了媒体责任,违

①杨万贵. 传统媒体与新兴媒体融合发展调研报告[J]. 传媒, 2014(23).

②杨万贵. 传统媒体与新兴媒体融合发展调研报告[J]. 传媒, 2014(23).

③杨万贵. 传统媒体与新兴媒体融合发展调研报告[J]. 传媒, 2014(23).

背新闻道德;还有的搞游戏开发、电子商务等,背离了新闻媒体的轨道。"①

复合型人才缺乏,用人机制滞后。媒体融合发展需要一批讲政治、懂新闻、会技术、善经营的复合型人才。目前存在的主要问题有:一是人才引进难。与商业网站相比,传统媒体缺乏有吸引力的激励政策和薪酬体系,而媒体融合对创新型人才具有刚性需求。二是人才结构不合理。从事传统媒体的人才多,从事新兴媒体的人才少,尤其是经营管理和技术研发人才缺乏。三是培养机制不健全。融媒体单位举办媒体融合方面的专业性培训不多,培养机制还不健全。管理体制滞后,融合浮于浅层。推进传统媒体和新兴媒体融合发展,必须要建立适配的体制机制,实现不同媒体集群在内容生产、平台建设、用户数据、经营管理等方面的深度融合②。当前,一些主流媒体和已改制转企的媒体公司管理体制和投融资、用人、激励等机制僵化,没有成为真正独立的市场主体,内生动力和活力受"玻璃门"掣肘,融合阻力较大,机构臃肿与人才流失并存。

(四)融媒体管理出路

按照中央关于媒体融合发展的指导意见,融媒管理必须"建立科学有效的媒体管理体制","一手抓发展,一手抓管理。要理顺管理体制,破除制约融合发展的体制机制壁垒,对网上网下、不同业态进行科学管理、有效管理,努力提

---

① 杨万贵.传统媒体与新兴媒体融合发展调研报告[J].传媒,2014(23).
② 杨万贵.传统媒体与新兴媒体融合发展调研报告[J].传媒,2014(23).

高管理的科学化水平,使传播秩序更加规范"①。

1.对于融合主体的管理

在融媒的媒介生态位当中,谁是融合的主体,即谁是融合的载体平台? 有人认为是传统媒体,用传统媒体来整合互联网,但实践证明收效甚微。还有人认为是新媒体,在改革初期用新媒体思路来改造传统媒体,这种风气热过一阵后很快消失殆尽。出现这些现象的根本原因是没有认清融合的主体。媒体融合要真正有效果,就必须以互联网为融合主体。一是传统媒体之间是互补关系而不是替代关系。在互联网诞生之前,无论是印刷品、广播还是电视,媒介功能之间的关系是部分替代而不是完全替代,这样每种媒介都具有特定的新闻生产方式,固化成了不同的媒体形式。二是互联网媒介对传统媒体具有完全替代关系。互联网媒介可承载文字、图片、声频和音频等多媒体的新闻生产方式,而且具有传统媒体无法比拟的传播效果、及时性、便捷性及到达成本。

2.对于内容生产的管理

任何媒介都必须坚守"内容为王"的理念,融媒体时代也不例外。内容是媒体生存的根本,是媒体彰显竞争力和品牌价值的最有力抓手,因此,推进媒体融合发展必须坚持以内容建设为根本。我们要借助中央关于推动媒体融合发展的号召和机遇,一方面要充分发挥传统媒体在内容上的优势,另一方面要掌握新媒体语态和传播规律,设置新媒体生产部门和岗位,生产适应新媒体平台和受众的信息产品。

---

①刘奇葆. 加快推动传统媒体和新兴媒体融合发展[N]. 人民日报,
2014-8-2.

同时,牢固树立互联网思维,主动适应互联网传播移动化、社交化、视频化的趋势,综合运用多媒体表现形式,增强新闻信息的可读性和感染力,满足人民群众日益增长的信息需求。最后,要推进内容生产机制创新。要按照媒体融合发展的要求持续优化内容生产流程,逐步建立促进全媒体一体化发展的内部运行机制。要大力推进"中央厨房""大编辑部制"的建设,推进集成"采编播发存"等功能的数字化改造和云计算升级,建立统一指挥调度的全媒体、融媒体采编中心,真正实现新闻信息"一次采集、多种生成、多元传播"①。

3.对于重点项目的管理

融媒体的重点产品、重点项目是媒体融合的重要抓手、主要矛盾、矛盾的主要方面,抓"一点"能带动全身。要实施重点突破战略。一是选择重点媒体突破。要立足优势,借势发力,努力打造新型主流媒体,积极打造新型媒体集团。以河南大象融媒体集团为例,依托于电视台、电台、网络、报纸,成立全媒体记者团队"飞象队",对重大新闻实现统一指挥、集中报道、多维度分发,避免了重复报道,形成了"多点开花、特色各异、多重覆盖"的优势,抓住了把握全局的关键点。这成为扩大"大象融媒"品牌影响力的一个重要手段和突破口。二是在重点项目上求突破。相关管理部门要协同制定促进媒体融合发展的扶持政策,对媒体融合的重点项目要重点扶持、优先发展、集中实施,特别是要促进媒体融合的技术研发、数字化平台、云计算和大数据应用等项目。

---

①中华人民共和国财政部. 关于推动传统出版和新兴出版融合发展的指导意见[J]. 中国出版,2015(08).

三是寻求重点产品突破。媒体产品是检验媒体融合发展是否成功的试金石,是媒体影响力的支撑、公信力的基础。媒体要注重打造"领导满意、市场接受、百姓喜欢"的拳头产品,集中力量在发挥独特优势上下功夫。

4.对于融合型人才的管理

没有融合型人才就不可能有融合发展。一是要打造"既专又能、一体多用"的全媒体新闻团队,记者、编辑、主持人跨媒介、跨部门作业实现常态化、制度化。二是要改革人才管理机制,破除事企不分、政企不分的"双重身份"管理体制。以"吸引人才、留住人才、发展人才"为原则,加强人力资源统一管理,建立"能进能出、能上能下"的考核机制,真正实现同岗同酬和人才的顺畅流动;加强业务培训,制订年度培训计划,对现有媒体从业人员进行专业、系统的培训。三是要把人才用好。掌握员工的特点和业务技能,合理安排工作岗位,使其个人才能和价值得以充分发挥,探索媒体融合发展条件下用好人才的有效途径。

5.对于机制和流程的管理

媒体融合要破除政策壁垒,推进体制创新,打破制约媒体生产力的条条框框,"对网上网下、不同业态的媒体形式进行统筹把控,顺应媒体融合的一体化趋势。要从国家层面进行媒体融合发展的顶层设计,消解媒体行业间、层级间、地区间的障碍,以更开放的机制和更积极的方式推动深度合作。同时,根据不同媒体的传播优势,降低市场准入门槛,探索混合所有制经营模式,构建立体多样、融合发展的现代传播体系"①。在结构上,对媒体内的组织构架进行重

---

① 蔡斐.媒体融合要强化管理创新[N].重庆日报,2014-9-26.

组。推动媒体融合发展，必须根据需要，对媒体内部的组织构架进行重组，以实现生产要素、媒介资源的有效整合。

6.对于市场资源的管理

在资源管理上要借助市场性因素。要不断增强借力意识，加大对外合作，以开放的心态整合外部资源，推动媒体融合发展。当前，互联网新技术、新形态、新应用日新月异，媒体融合发展所需资源有些要靠政府调配，但更多的要通过市场的手段获取。要"走出去，引进来"，以开门办媒体的心态，打破"大而全、小而全"的计划经济思维，善于借助市场配置资源方面的积极作用，通过拓展对外合作，利用社会上成熟的技术、平台、模式等推进媒体融合。"传统媒体与互联网巨头合作创新的意义则在于'借船出海'，以完成社区化、社交化、产品化和平台化的'媒体四化'转型，即以大数据为内核，向多产业链延伸，完成融合型枢纽式媒体形态的重新构建。"[①]

二、融媒体机制创新的策略思考

随着互联网技术的普及和成熟，2021年国家"十四五"规划和2035年远景目标纲要更是把多媒体的"深度融合"上升到了国家战略高度，同时以立法的形式进行深度融合的体制机制推进成为一种新时期多媒体发展的制度化路径。2021年3月《中华人民共和国广播电视法》使得媒体深度融合的体制框架和规制体系走上了规范化道路。与外部国家战略和制度机制推动相应，媒体自身或内部的机制体系建设更为关键。但自2014年以来，融媒体由于过分依赖各种

---

①朱春阳，张亮宇，杨海.当前我国传统媒体融合发展的问题、目标与路径[J].新闻爱好者，2014(10).

多媒体技术,对自身内部的人员、组织结构、管理机制体制等方面的结构性改造和融合没有同步跟上,这使得融媒体发展到一定程度后发展方式越来越单一和固化,进而对进一步具体机制突破和路径创新提出了要求。

2020年中共中央办公厅、国务院办公厅通过的《关于加快推进媒体深度融合发展的意见》针对主流媒体体制机制改革提出了新时代的新要求。《意见》提出了在加强党的领导前提下建立"一体化组织架构"的要求。这其中包含两方面的含义,一方面是"一体化",即要求对内部的人员、平台、项目、资金等诸多要素进行统筹安排,对相应要素进行统一协调和整合。通过"一体化"发挥融媒体的整体效能。另一方面是"组织架构",具体而言就是要求对传统媒体进行组织结构调整,并结合这种调整对不同部门的工作流程进行改造和优化。这实际是涉及多媒体内部生产要素和组织结构两方面机制改革与路径创新的问题。

2019年1月,习近平总书记到人民日报社进行了考察,作出了"探索将人工智能运用在新闻采集、生产、分发、接收、反馈中"的重要指示。为了落实习近平总书记的重要指示,在具体实施机制方面,融媒体必须围绕内容机制创新展开技术融合,"内容+科技"双轮驱动的二元并行机制和路径方向才是未来融媒体发展的保证。即"以内容为本,技术为要,充分实现内容科技深度融合,不仅让技术赋能内容生产和表达创新,更要让技术成为推进媒体生产力变革的驱动力量,形成集约高效的内容生产体系和传播链条。"另外任何创新和改革的根本动力和主体性力量是人,所以在内部体制机制改革和创新中关注人这一最重要生产力的作用,设计最合理的分配和激励机制是融媒体机制推进和路径创新的最重要路径之一[①]。

第二节 关于融媒体机构创新的思考

一、加大对融媒体中心的政策扶持

在国家融媒体战略中,加强融媒体中心建设是其重要内容,政府应为融媒体中心构建提供政策保障,让其发展有据可依。一方面,政府应在政策层面鼓励和引导,早日结束电视、报纸等传媒彼此孤立的状态,促使其实现深度融合,突破区域限制[②]。另一方面,适当加大对构建融媒体中心的财政投入,为其提供资金保证,确保其可以正常运转。这样可以有效解决融媒体中心在发展过程中存在的资金不足的问题,为设备维修和更新换代提供资金支持。同时,大力做好媒体工作者的技术保障工作。因此,政府应提高对融媒体中心建设的重视度,为其长足发展提供政策扶持。

二、加大技术投入,完善融媒体中心硬件设施

在构建融媒体中心的过程中,不同类型的移动终端以及形式多样的网络软件具有重要作用,发挥了极大的促进作用。媒体平台应大力开发和应用移动终端和网络软件,

---

①李全成.媒体深融的机制推进与路径创新[J].全媒体探索,2021(02):41-42.
②谢本荣.新媒体时代县级融媒体经营管理转型与发展[J].中国传媒科技,2019(12):35-37.

并积极利用新型传播技术,如大数据、VR(虚拟现实)、H5等,并将其运用到信息开发和传播中,这样会极大地增强融媒体中心的作用。硬件设施对构建融媒体中心非常关键,是基础性因素。因此,构建融媒体中心应重视技术投入,加强技术开发和应用,不断完善硬件设施,从而形成媒体融合的新样态。以无人机为例,无人机在拍摄内容方面有着巨大作用,可以将节目内容以立体化的形式呈现出来,增强节目内容的吸引力。

三、发挥人才造血功能,实现融媒体中心深度创新

打造融媒体中心需要大量的专业人才,技术的应用需要专业人才进行管理,只有充分激活人力因素,才能真正发挥人才的造血功能。人才已经成为媒体发展的关键影响因素,面对人才发展困境,各级媒体应积极采取有效措施,结合自身发展现状,做好人才储备工作。一方面,做好在职人员保留工作,利用培训方式提高其媒体素养,并适当提高职工待遇,实施人性化管理;另一方面,积极引进专业人才,为原有队伍增添新的发展力量,可以采取老带新的方式帮助新进人员尽快熟悉工作模式,同时大力激发新进人才的创造活力,为其营造创新的有利环境。

四、完善管理制度,创新运行机制

就构建融媒体中心而言,革新管理体制是根本性内容,各级媒体应将其作为重要任务来对待。首先,重新整合组织机构,实施精准化管理,增强管理的灵活性,将管理责任落实在个人头上,坚持"点对点"的管理方式。其次,防止出

现管理孤立的现象,避免出现交叉作业无人管辖的情况,加强职工之间的联系,通过构建融媒体平台深化交流和合作。最后,在运行机制创新层面,应注重完善采编程序,针对以往采编存在的弊端,利用新媒体增强信息传播的实效性,应从媒体记者、应用平台、内容设计、传播途径四个方面抓起,在传统运转流程的基础上进行创新[①]。

[①]李刚. 融媒体中心创新建设的思考[J]. 新闻研究导刊,2020,11(07):252-253.

参考文献

一、著作

[1]艾利克·麦克卢汉.预知传播纪事(Essential McLuhan)[M].汪益,译.台北:台湾商务印书馆,1999.

[2]艾利克·麦克卢汉,弗兰克,秦格龙.麦克卢汉精粹[M].南京:南京大学出版社,2000:394.

[3]蔡雯.媒体融合与融合新闻[M].北京:人民出版社,2012.

[4]陈硕,刘淏,何向向.融媒体时代电视新闻节目的创新与转型发展研究[M].成都:电子科技大学出版社,2019.

[5]陈振明,陈炳辉.政治学——概念、理论和方法[M].北京:中国社会科学出版社,2004.

[6]陈挚.大数据背景下高校融媒体平台建设探索[M].长春:吉林人民出版社,2021.

[7]丹尼斯·麦奎尔,斯文·温德尔.大众传播模式论[M].祝建华,武伟,译.上海:上海译文出版社,1987.

[8]丹尼斯·麦奎尔.麦奎尔大众传播理论[M].北京:清华大学出版社,2010:110.

[9]丹尼斯·麦奎尔.麦奎尔大众传播理论[M].崔保国,

李琨,译.北京:清华大学出版社,2006.

[10]丁茂战.新时代媒体深度融合理论和实践路径研究[M].北京:中国言实出版社,2021.

[11]格兰·G.斯帕克斯.媒介效果研究概论[M].何朝阳,王希华,译.北京:中国人民大学出版社,2013.

[12]宫承波.新媒体概论[M].北京:中国广播电视出版社,2016:84-85.

[13]郭庆光.传播学教程[M].北京:中国人民大学出版社,2011.

[14]哈罗德·拉斯韦尔.社会传播的结构与功能[M].北京:中国传媒大学出版社,2013.

[15]凯文·曼尼.大媒体潮[M].苏采禾,李巧云,译.台北:时报文化出版,1996.

[16]克劳斯·布鲁恩·延森.媒介融合:网络传播、大众传播和人际传播的三重维度[M].刘君,译.上海:复旦大学出版社,2012:96,1.

[17]李万才,王孟广.融媒体与频道节目运营[M].北京:中国广播影视出版社,2019.

[18]詹姆斯·弗·穆尔.竞争的衰亡——商业生态系统时代的领导与战略[M].梁峻,等,译.北京:北京人民出版社,1999.

[19]列宁:列宁全集:第55卷[M].北京:人民出版社,1990.

[20]栾轶玫.融媒体传播[M],北京:中国金融出版社,2014:45.

[21]罗伯特·W.麦克切斯尼.富媒体穷民主:不确定时代的传播政治[M].谢岳,译.北京:新华出版社,2004.

[22]罗以澄,吕尚彬.中国社会转型下的传媒环境与传媒发展[M].武汉:武汉大学出版社,2010:5.

[23]吕焕斌.媒体融合的芒果实践报告[M].北京:中信出版集团,2019.

[24]马克·波斯特.信息方式:后结构主义与社会语境[M].范静哗,译.北京:商务印书馆,2014:13.

[25]彭兰.中国网络媒体的第一个十年[M].北京:清华大学出版社,2005.

[26]邵培仁.媒介生态学一媒介作为绿色生态的研究[M].北京:中国传媒大学出版社,2008:8.

[27]石长顺.融合新闻学导论[M],北京大学出版社,2013.

[28]温怀疆,何光威,史惠.融媒体技术[M].北京:清华大学出版社,2016.

[29]熊澄宇.新媒介与创新思维[M].北京:清华大学出版社,2001.

[30]许向东.数据新闻:新闻报道新模式[M].北京:中国人民大学出版社,2017:247-258.

[31]阎安.融媒体时代视听节目策划[M].北京:中国广播影视出版社,2021.

[32]伊莱·帕里泽.过滤泡[M].方师师,杨媛,译.北京:中国人民大学出版社,2020:7.

[33]于殿利.出版是什么[M].北京:中国传媒大学出版

社,2018:287.

[34]张宏邦.县级融媒体:国际化视野与本土化建设[M].厦门:厦门大学出版社,2021.

[35]张军涛,曹煜.公共管理学[M].北京:清华大学出版社,2015:3.

[36]张雷,孙巍.融媒体时代大学生中国梦教育研究[M].镇江:江苏大学出版社,2019.

[37]张瑞.融媒体环境下广播电视语言艺术研究[M].西安:西北工业大学出版社,2019.

[38]张莹,明鸣,郭喻.多维视角下新公共管理探索[M].辽宁:辽海出版社,2020:30.

二、期刊

[1]蔡雯,王学文.角度·视野·轨迹——试析有关"媒介融合"的研究[J].国际新闻界,2009,(11):87-91.

[2]曾莹莹.理解融媒体的起源、现状和未来[J].新闻研究导刊,2020,(05):139+141.

[3]陈昌凤,杨依军.意识形态安全与党管媒体原则——中国媒体融合政策之形成与体系建构[J].现代传播(中国传媒大学学报),2015,37(11):26-33.

[4]陈虹,杨启飞.无边界融合:可供性视角下的智能传播模式创新[J].新闻界,2020,(07):33-40.

[5]陈力丹.用互联网思维推进媒介融合[J].当代传播,2014,(06):1.

[6]陈玲.从相"加"到相"融"——新型主流媒体的升级

嬗变思考[J].新闻世界,2019,(06):47-49.

[7]陈绚.论媒体融合的功能[J].国际新闻界,2006,(12):72-76.

[8]陈哲.从"相加"到"相融":融媒体时代主流媒体的转型[J].艺术科技,2022(12):89-91,116.

[9]程玉彬,何燕.探析融媒体时代新闻记者的核心能力[J].传媒论坛,2020,3(16):32+34.

[10]崔保国,侯琰霖.在融合中转型 在转型中创新——2012中国传媒产业分析与展[J].中国报业,2012(07):24-29.

[11]戴玉庆.报业集团呼唤改革[J].中国记者,2006(2).

[12]党东耀.互联网进化路径与媒介融合模式的变迁[J].编辑之友,2015(11):72.

[13]杜巧霞.人工智能在融媒体时代的应用与发展[J].传播力研究,2018(17).

[14]方兴东.媒介融合与网络强国:互联网改变中国——2015《现代传播》年度对话[J].现代传播,2015(01):3.

[15]付加利."身处"微博时代[J].新闻传播,2011(10).

[16]高星.广播电视新型主流媒体建设路径研究[J].声屏世界,2022(14):5-8,15.

[17]高玉霞.浅析融媒体环境下新闻记者的职业素养[J].记者摇篮,2021(10):22-23.

[18]管淑娟.论网络背景下报纸的突围[J].河南社会科学,2013,(10):87-89.

[19]郭玥.融媒体时代新闻记者的核心能力分析[J].传媒论坛,2020,(12):48+50.

[20]郝建国.媒体融合的三重逻辑及其走向——以上海报业集团的组建实践为例[J].理论探索,2014,(06):92-96.

[21]侯小杏,张茂伟.微博在教学应用中的传播模式研究[J].琼州学院学报,2011,(04):83-84+82.

[22]胡线勤.中国报业现状与未来趋势探究[J].中国报业,2019,(15):34-39.

[23]胡正荣.传统媒体与新兴媒体融合的关键与路径[J].新闻与写作,2015,(05):22-26.

[24]胡正荣.智能化:未来媒体的发展方向[J].现代传播(中国传媒大学学报),2017,39(06):1-4.

[25]黄旦.整体转型:关于当前中国新闻传播学科建设的一点想法[J].新闻大学,2014,(06):1-8.

[26]姜心媛.网络时代传统媒体和新媒体融合意义和策略分析[J].传播力研究,2019,(32):101.

[27]蒋建国.加快推进传统媒体与新兴媒体融合发展[J].新闻战线,2016,(09):3.

[28]蒋晓丽,王博.数字生态下新型主流媒体的平台生产与价值增效[J].中国编辑,2022,(05):41.

[29]金欣.报业转型的范式探讨与路径选择——评《媒体融合背景下我国报业转型的发展策略研究》[J].传媒,2019,295(02):102.

[30]蓝蔚青.发展智慧经济要强化"大数据"意识[J].杭州科技,2014,(04):42-43.

[31]雷玄.媒体融合:从"相加"到"相融"[J].中国质量万里行,2017,(07):46-47.

[32]李刚.融媒体中心创新建设的思考[J].新闻研究导刊,2020,11(07):252-253.

[33]李海舰,赵丽.数据成为生产要素:特征、机制与价值形态演进[J].上海经济研究,2021,(08):52.

[34]李洪波,张春祥,钱昆.基于大数据的融媒体全流程闭环云服务平台的设计实践[J].传媒与发展·研究,2017,(6):49-51.

[35]李良荣,周宽玮.媒体融合:老套路和新探索[J].新闻记者,2014,(08):16-20.

[36]李良荣.从单元走向多元——中国传媒业的结构调整和结构转型[J].新闻大学,2006,(2):1-10.

[37]李强.融媒体管理的瓶颈及突破路径[J].中国广播电视学刊,2016,(03):52-54.

[38]李全成.媒体深融的机制推进与路径创新[J].全媒体探索,2021,(02):41-42.

[39]李维韦.从"相加"到"相融"[J].教育传媒研究,2021,(03):70-71.

[40]李弋.融媒体时代网络与新媒体专业人才的社会需求与培养模式建构[J].视听,2020,(07):241-242.

[41]栗学思.商业模式制胜的五个法则[J].企业管理,2017,(6):88-91.

[42]林奶花.打造新型传播平台 建成新型主流媒体[J].传播力研究,2019,(23):90.

[43]刘冰.文化的融合:媒体融合进程中的文化因素考察[J].编辑之友,2018,(01):65-68.

[44]刘博宏.融媒体时代人才需求和培养刍议[J].求贤,2020,(08):50-51.

[45]刘鹏.传统媒体融合转型的若干趋势[J].新闻记者,2015,(04):4-14.

[46]刘倩.融媒体环境下融媒体人才培养策略[J].现代营销(创富信息版),2022,(05):106-108.

[47]刘珊,黄升民.解读中国式媒体融合[J].现代传播,2015,(07):4.

[48]鲁艳敏.融媒体中心建设及其舆论引导力提升[J].传媒,2019,(23):8.

[49]罗伯特·皮卡特,杭敏.从传媒经济到平台经济:关注产业研究的创新前沿[J].全球传媒学刊,2021,(08):2.

[50]马德海.浅谈融媒体时代新闻记者应该具备的核心能力[J].记者观察(上),2021,(12):44-45.

[51]毛俊连.媒体融合如何从"相加"到"相融"[J].传播力研究,2019,(06):43-44.

[52]缪岚.媒体融合的目标与实践的三个层面[J].记者观察,2019,(09):90-94.

[53]欧阳日辉.从"+互联网"到"互联网+"——技术革命如何孕育新型经济社会形态[J].人民论坛,2015,(05):25-38.

[54]庞承,万笑影.深"融"保障:组织机构变革——新思维驱动下的传统媒体组织创新[J].中国记者,2014,(10):44-48.

[55]庞承,万笑影.深"融"保障:组织机构变革——新思

维驱动下的传统媒体组织创新[J].中国记者,2014,(10):44-48.

[56]彭兰.移动化、社交化、智能化:传统媒体转型的三大路径[J].新闻界,2018,(1):37-43.

[57]彭兰.智能时代的新内容革命[J].国际新闻界,2018,(40):90-111.

[58]邱佳.媒体艺术的视觉素养[J].艺术工作,2017,(05):36-38.

[59]尚进.培养融媒体人才的现实需求与路径分析[J].传媒,2022,(09):82-84.

[60]尚余全.融媒体管理困境与传统媒体的突破路径[J].今天,2020,(14):21.

[61]沈维梅.从商业媒体平台之扩张谈主流媒体新型传播平台的打造[J].科技与出版,2021,(04):46-51.

[62]宋昭勋.新闻传播学中Convergence一词源及内涵[J].现代传播(中国传媒大学学报),2006,(01):51-53.

[63]孙振虎,刘艾京.媒介融合:从技术相加到内容相融[J].东南传播,2017,(05):1-3.

[64]谭静怡.从"相加"到"相融"[J].新西部(下半月),2020,(05):102-103.

[65]谭天.从渠道争夺到终端制胜,从受众场景到用户场景——传统媒体融合转型的关键[J].新闻记者,2015,(04):15-20.

[66]谭雪芳,陈加伟.媒介可供性理论视角下5G广电媒体深度融合研究[J].中国广播电视学刊,2021,(08):37.

[67]陶喜红,王灿发.产业融合对传媒产业边界的影响[J].新闻界,2010,(01):14-17.

[68]陶玉珺.新媒体与传统媒体融合的影响与意义探讨[J].电视指南,2018,(10):185.

[69]王辰瑶.新闻融合的创新困境:对中外77个新闻业融合案例的再考察[J].南京社会科学,2018,(11):99-107.

[70]王舒锡.融媒体时代下主流媒体如何引领舆论导向[J].记者摇篮,2020,(10):96-97.

[71]魏然,黄冠雄.美英媒体融合现状与评析[J].社会科学文摘,2016,(02):113-114.

[72]魏岳江.媒介融合为何出现内容"融"而不"合"[J].新闻研究导刊,2015,(16):92-93.

[73]文爱凤.新时代融媒体发展的管理策略探究[J].中关村,2022,(07):110-111.

[74]肖盼章.基于职业导向的"三主四让双主体共育"人才培养模式建构:以高职院校新闻采编与制作专业为例[J].高教学刊,2016,(08):239-240.

[75]谢本荣.新媒体时代县级融媒体经营管理转型与发展[J].中国传媒科技,2019,(12):35-37.

[76]谢新洲,黄杨.我国融媒体建设的现状与问题[J].中国记者,2018,(10):53-56.

[77]谢新洲,朱垚颖,宋琭谢.县级媒体融合的现状、路径与问题研究——基于全国问卷调查和四县融媒体中心实地调研[J].新闻记者,2019,(03):56-71.

[78]邢佳佳.浅谈融媒体背景下的媒介融合思维[J].记

者摇篮,2022,(05):75-77.

[79]徐琪媛,李彦明.融媒体环境下媒体技术的创新应用发展[J].卫星电视与宽带多媒体,2020,(12):171-172.

[80]杨柏岭.作为文化的传播:人、媒介与社会关系的形上之思[J].现代传播,2020,(08):9-15.

[81]杨萍.新媒体与传统媒体融合的影响与意义[J].山西大同大学学报(社会科学版),2018,(01):110-112.

[82]杨万贵.传统媒体与新兴媒体融合发展调研报告[J].传媒,2014,(23):4-8.

[83]叶蓁蓁."互联网+"巨变刚刚开始——从中央厨房的建设理念谈起[J].中国编辑,2017,(09):59-62.

[84]殷陆君.媒体融合的发展趋势与时代意义[J].青年记者,2019,(10):4.

[85]余柏成.从"相加"到"相融"从"通联"到"共享"[J].传媒评论,2021,(04):50-51.

[86]俞曼琪.智能媒介与媒介内容生产机制创新[J].卫星电视与宽带多媒体,2020(22):129-131.

[87]张迪.传统媒体的融媒体发展策略[J].青年记者,2015,(08):58-59.

[88]张汉仙,董娇.高职院校复合型人才培养之我见:以新闻采编与制作专业为例[J].艺术科技,2015,(06):270.

[89]张慧.新媒体环境下高职新闻采编与制作专业教学改革[J].企业导报,2014,(06):158-159.

[90]张晶晶.新媒体时代深度报道的发展策略研究[J].传播力研究,2019,3(36):72.

[91]张志安,冉桢.短视频行业兴起背后的社会洞察与价值提升[J].传媒,2019,(07):52-55.

[92]郑志侠.深化媒体融合的意义、重点和保障[J].全媒体探索,2022,(06):127-128.

[93]中华人民共和国财政部.关于推动传统出版和新兴出版融合发展的指导意见[J].中国出版,2015,(08):3-5.

[94]周洋.媒体融合时代主流媒体如何打造新型传播平台[J].军事记者,2019,(04):8-10.

[95]周颖.融媒体时代新闻采编与制作人才培养的现状与对策[J].开封文化艺术职业学院学报,2020,(09):123-124.

[96]朱春阳,谢晨静.传媒业集团化17年:问题反思与发展方向——以上海报业集团组建为基点的讨论[J].新闻记者,2013,(12):17-22.

[97]朱春阳,张亮宇,杨海.当前我国传统媒体融合发展的问题、目标与路径[J].新闻爱好者,2014,(10):25-30.

[98]朱春阳.融媒体中心建设:经验坐标、发展机遇与路径创新[J].新闻界,2018,(09):21-27.

[99]朱焰焰.从"相加"到"相融"的三点思考[J].新闻战线,2017,(06):72-74.

[100]禤丽华.媒体融合的三重维度[J].传媒论坛,2022(23):58-60,85.

三、报纸

[1]蔡斐.媒体融合要强化管理创新[N].重庆日报,2014-

9-26.

[2]黄小希,史竞男,王琦.守正创新有"融"乃强——党的十八大以来媒体融合发展成就综述[N].新华社,2019-1-26.

[3]李博.新型主流媒体建设阶段性成果已显现[N].中国新闻出版广电报,2022-06-14(008).

[4]刘奇葆.加快推动传统媒体和新兴媒体融合发展[N].人民日报,2014-8-2.

[5]罗建波.从全局高度理解和把握世界百年未有之大变局[N].学习时报,2019-6-7.

[6]孙海苗.县级融媒体中心人才队伍建设探析[N].中国新闻出版广电报,2019-10-29(004).

[7]徐天博,余跃洪.媒体融合的发展脉络与主要逻辑[N].中国社会科学报,2019-04-26(004).

[8]杨晓.网络剧抓住网感[N].中国新闻出版广电报,2016-04-06(6).

四、学位论文

[1]曹秦雨.省级融媒体中心内容生产创新研究[D].河北师范大学,2021.

[2]邓欣.我国县级融媒体管理机制创新研究[D].南昌大学,2020.

[3]梁峰.市级媒体深度融合中的组织融合对策研究——以阳泉市市级媒体为例[D].天津师范大学,2022.

[4]木斯达帕·艾依沙.媒体融合时代电视深度报道的发

展趋势研究[D].新疆大学,2020.

[5]王哲.融媒体人才需求困境与对策研究[D].南昌大学,2020.

[6]赵业琼.江西广播电视台媒体融合发展对策研究[D].江西财经大学,2021.

[7]郑连乔.媒体融合视野下的新闻传播平台研究[D].温州大学,2019.

五、网络报道

[1]丁磊.腾讯人才管理:构建网络化生态组织管理模式[EB/OL].（2016-09-18）[2023-02-06]. https://www.ce.cn/cysc/newmain/pplm/qyxx/201609/18/t20160918_15989284.shtml.

[2]广西人才网.共青团广西区委融媒体中心公开招聘方案[EB/OL].（2018-07-17）[2023-02-06]. https://www.gxrc.com/.

[3]虎林新闻网.虎林市融媒体中心招聘工作人员[EB/OL].（2019-02-11）[2023-02-06]. https://hulin.dbw.cn/system/2019/08/14/058246363.html.

[4]人民网.扎实抓好县级融媒体中心建设[EB/OL].（2018-09-06）[2023-02-06]. https://media.people.com.cn/n1/2018/0906/c4060630276902.html.

[5]事业单位招聘考试网.2019年深圳市坪山区融媒体中心招聘公告[EB/OL].（2019-12-27）[2023-02-06]. https://www.shiyebian.net/xinxi/326126.html.

[6]搜狐网.洞察2023:中国短视频行业竞争派系及竞争

格局(附市场排名、企业竞争力评价等)[EB/OL].(2022-12-24)[2023-02-06]. https://business. sohu. com/a/620685332_104421.

[7]搜狐网.高安市委宣传部融媒体中心招人啦[EB/OL].(2018-02-23)[2023-02-06]. https://www. sohu. com/a/223715064_476981.

[8]搜狐网.贵阳市教育融媒体中心招人啦![EB/OL].(2019-04-24)[2023-02-06].https://www.sohu.com/a/.

[9]腾讯网.贵阳市教育融媒体中心招人啦[EB/OL].(2019-04-26)[2023-02-06]. https://new. qq. com/omn/20190426/20190426A08PYG.html.

[10]习近平.推动媒体融合发展要遵循新闻传播规律[EB/OL].(2014-08-18)[2023-02-06].https://media.people.com.cn/n/2014/0819/c192372-25496087.htm.

[11]习水县人民政府办公室.2019贵州习水县融媒体中心招聘全媒体人才25人公告[EB/OL].(2019-07-19)[2023-02-06].https://www.offcn.com/sydw/2019/0719/482324.html.

[12]新华社.关于媒体融合,总书记这样说[EB/OL].(2016-02-20)[2023-02-06]. https://news. xinhuanet. comlpolitics/2016-02/20c_128736695.htm.

[13]新华社.牢记职责使命,打造过硬队伍——习近平总书记在党的新闻舆论工作座谈会上的重要讲话引起强烈反响[EB/OL].(2016-02-22)[2023-02-06].https://www.gov.cn/xinwen/2016-02/22/content_5044782.htm.

[14]新华社.习近平:坚持正确方向创新方法手段 提高

新闻舆论传播力引导力 [EB/OL].（2016-02-19）[2023-02-06]. https://www. gov. cn/xinwen/2016-02/19/content_5043970. htm.

[15]新华社.习近平出席全国宣传思想工作会议并发表重要讲话薪[EB/OL].（2018-08-22）[2023-02-06].https://www. gov.cn/xinwen/2018-08/22/content_5315723.htm.

[16]新华社.习近平强调:努力把宣传思想工作做得更好[EB/OL].（2013-08-20）[2023-02-06].https://www.gov.cn/ld-hd/2013-08/20/content_2470599.htm.

[17]新华社.中共中央办公厅 国务院办公厅印发《关于加快推进媒体深度融合发展的意见》[EB/OL].（2020-09-26）[2023-02-06]. https://www. gov. cn/xinwen/2018-08/22/content_5315723.htm.

[18]新华网.新华社"现场云与媒体大脑"智能生产平台参与进博会报道[EB/OL].（2018-11-08）[2023-02-06].https://www.xinhuanet.com/politics/2018-11/08/c_1123685998.htm.

[19]应届生网.广西南宁市青秀区委宣传部融媒体中心[EB/OL].（2019-01-30）[2023-02-06].https://www.yingjiesheng.com/job-004-084-495.html.

[20]张一鸣.在创办今日头条的过程中,张一鸣先生的团队管理心得[EB/OL].（2017-08-24）[2023-02-06].https://www.sohu.com/a/166920067_114819.

[21]中国互联网络信息中心.第50次《中国互联网络发展状况统计报告》[EB/OL].（2022-08-31）[2023-02-06].https://www.cnnic.net.cn/NMediaFile/2022/0926/MAIN1664183425619

U2MS433V3V.pdf.

[22]中国记协新媒体专业委员会.中国新媒体研究报告 2020[EB/OL].（2020-11-19）[2023-02-06].https://www.zgjx.cn/ 2020-11/19/c_139527314.htm.

[23]中国新闻网.宋建武在长三角媒体融合推进治理现 代化峰会发表演讲[EB/OL].（2020-12-08）[2023-02-06]. https://www.chinanews.com/sh/2020/12-08/9357257.shtml.